Wolfgang Laub

Recht auf Trauer- denn Trauer ist Liebe

Wolfgang Laub

Recht auf Trauer- denn Trauer ist Liebe

Es ist wie es ist sagt die Trauer (= Liebe), beides kennt keine Grenzen-Trost, Rat für Trauernde, Angehörige, Ratgebende

Trainerverlag

Impressum / Imprint
Bibliografische Information der Deutschen Nationalbibliothek: Die Deutsche Nationalbibliothek verzeichnet diese Publikation in der Deutschen Nationalbibliografie; detaillierte bibliografische Daten sind im Internet über http://dnb.d-nb.de abrufbar.

Bibliographic information published by the Deutsche Nationalbibliothek: The Deutsche Nationalbibliothek lists this publication in the Deutsche Nationalbibliografie; detailed bibliographic data are available in the Internet at http://dnb.d-nb.de.

Coverbild / Cover image: www.ingimage.com

Verlag / Publisher:
Der Trainerverlag
ist ein Imprint der / is a trademark of
AV Akademikerverlag GmbH & Co. KG
Heinrich-Böcking-Str. 6-8, 66121 Saarbrücken, Deutschland / Germany
Email: info@verlag-trainer.de

Herstellung: siehe letzte Seite /
Printed at: see last page
ISBN: 978-3-8417-5003-7

„Recht auf Trauer-

denn Trauer ist Liebe“

[und bei beidem (fast) alles erlaubt!

- oder „Liebe, Trauer kennt keine Grenzen

- `es ist wie es ist sagt die Trauer“]

Wolfgang Laub

Für meine geliebten Eltern (Günther und Mathilde Laub) + Familie

Inhaltsverzeichnis :

Über den Autor

Wolfgang Laub ist Systemischer Berater, Therapeut, Dipl.-Pädagoge, Trauerbegleiter. Freiberuflich in eigener Praxis tätig.
Mitglied im Verband Freier Psychotherapeuten, Psychologischer Berater, ... VFP.
Studium in Erziehungs- und Politikwissenschaften, Psychologie und Soziologie. Fortbildung in Sonderpädagogik, Sozialmanagement, systemische Beratung und (Familien-) Therapie. Zertifiziert als Umgangspfleger und Verfahrensbeistand in Kindschaftssachen ("Anwalt des Kindes").
Vom Gesundheitsamt zugelassener Heilpraktiker für Psychotherapie.
Über 20 Jahre tätig auch als Sozialarbeiter, Heimleiter, Pädagoge/ sozialpädag. bzw. – therapeut. Betreuer in Kinder- und Jugendwohnheimen, Jugend-, therap., integrativen und Senioren- WGs sowie Einrichtungen für psychisch bzw. körperlich kranke, beeinträchtigte, traumatisierte Menschen aus vielen Nationen.
Berufliche und ehrenamtliche Leitung div. Projekte, auch von Ministerien empfohlene - auf Feldern der Kinder-, Jugend, Senioren- und Benachteiligtenhilfe und im Bildungsbereich, zur Gedenkarbeit. Seine Gewinne aus diesem Buch spendet er auch gemeinnützigen Projekten.

Widmung

W. Laub musste selbst auch einige schwere Schicksalsschläge verarbeiten. Vor allem den sehr schmerzvollen Verlust seiner Eltern. Er widmet sein ganzes Wirken seinen „innigst geliebten, wundervollen, liebsten Eltern, Schwestern und Sohn “. Was er „von diesen und anderen Menschen in seinem Leben an Hilfen und unendlich Wertvollem bekam möchte er gerne auch anderen Mitmenschen „zurückgeben“.

Vorwort, einleitende Worte:

Ein wichtiger, geliebter Mensch ist gegangen- durch Tod oder sonstige Trennung. Das kann – wie auch z. B. für mich bereits mehrere Male- für viele Menschen natürlich extrem hart, erschütternd, traurig sein - und das darf es auch!

Das – dass es das auch darf und kein Grund ist sich dafür zu schämen bzw. in irgendeiner Form schwach, dumm oder dergleichen zu fühlen – ist auch eines der wichtigsten Erkenntnisse, die dieses Buch vermitteln soll. Auch weil ich auch aus eigener Erfahrung aber auch aus der sehr vieler von mir beratenen bzw. begleiteten Menschen weiß, wie wichtig diese Erkenntnis ist, gerade in heutiger Zeit und in Deutschland (leider alles andere als „selbstverständlich“). Denn dies, was zu früheren Zeiten (bzw. auch heute noch in anderen Kulturen) selbstverständlich ist – im Deutschland der Gegenwart ist es das leider oft überhaupt nicht (mehr). Wo selbst heute auch oft noch „Preußische Ideale“ des immer stark sein Müssens bzw. auch des „Funktionieren“ vorherrschen, wenn auch nicht immer so offensichtlich. Und das verschlimmert das Leid Betroffener oft noch unnötig; ungemein. Das ist oft (nur) das eigentliche bzw. vermeidbare Problem. Zumal ein Hilferuf ja wirklich, gerade bei Trauer, nichts Schwaches, sondern sogar etwas ganz Starkes ist: „Nichts vermittelt ein größeres Gefühl von Stärke als ein Hilferuf“ [G. Mac Donald].

Und nur weil, wie es auch N. Furtado in einem Lied besingt „All good things come to an end“ – Betonung auch auf good -„*gute*“ Sachen (bzw. Menschen) - ist das ja deshalb nicht leichter, einfacher, weniger brutal – wenn es dann passiert, vorbei ist. Nicht weniger schwer. Zumal wenn aus „Trauern“ – etwas eigentlich sehr Hilfreichem, Positivem - sogar etwas, zumindest nahezu, Krankhaftes gemacht wird. Was es natürlich nicht ist (auch wenn es lange dauert in der Regel nicht)! Im Gegenteil.

Oder würden Sie jemandem, der z. B. am „11. September“ in New York Angehörige verlor Vorwürfe machen, ihn für dumm oder krank halten, wenn er sehr traurig ist ... Sich schwach und vielleicht auch für irgendetwas verantwortlich, schuldig fühlend? Natürlich – wir sind keine Götter. Können Tod nicht verhindern. „Begnügt euch doch ein Mensch zu sein“ – ja. Aber leichter gesagt als getan. Die Attentate damals konnte man live im Fernsehen verfolgen- aber letztlich kein Mensch, nicht einmal Präsidenten, verhindern. Und ohnmächtig mit anschauen zu müssen wie jemand von uns geht ist natürlich immer brutal. Egal, ob es überraschend kommt – extrem hart – oder absehbar ist, ggf. auch lange dauert – auch nicht besser. Beides kann auch traumatisch sein, alles erschüttern, den Boden wegziehen– wie z. B. eben, bildlich gesprochen, den Türmen in New York. Und ebenso sehr viel Glauben an sich, die Welt und ggf. Gott erschüttern. Zumal es ja ein wirklich großes existenzielles Dilemma der Menschen ist, dass wir Leben schaffen können – als Eltern. Aber nicht, auch z. B. das eigener Kinder oder Eltern (also den Menschen, die uns unser Leben schenkten) bewahren vor dem Ende des Lebens, Tod. Ist es dann – oder auch bei anderen Verlusten – ein Wunder, wenn man sich ohnmächtig, schwach, traurig fühlt? Ja sicher nicht. Zumal als liebender, gefühlvoller Mensch. Das ist natürlich auch gutes Recht. Das, auch *wirklich* trauern zu können, auch wie man will, wird aber oft nicht wirklich gegeben – gerade auch in Deutschland.

Deshalb sollen hier nicht zuletzt dazu auch Denkanstöße – bzw. Argumente, Unterstützungen, Informationen und auch Mahnungen gegen eigentlich *gesundes* Trauern unterdrücken– geboten werden.

Zumal alleine durch eine andere Einstellung zu etwas – z. B. dass etwas, z. B. Trauer, nicht „krank“, negativ ist, sondern eigentlich völlig normal und positiv - sehr viel erreicht werden kann, Vieles ganz anders aussehen kann. Wie z. B. auch William James bemerkte- ein Psychologe, Philosoph und Mit-Begründer der US-amerikanischen Psychologie: "Die größte Entdeckung meiner Generation ist die, dass der Mensch nur durch Änderung seiner Einstellung sein Leben ändern kann" (allerdings auch um – diese Ergänzung ist m. E. sehr wichtig – dann ggf. Umstände mit ändern zu können, siehe dazu auch Weiteres im Folgenden). Und die Einstellung zu „Trauer“, Umgang damit ist sicher auch besonders wichtig – auch für das (weitere) Leben. Bzw. um überhaupt (gut) weiter leben zu können, wollen. Inklusive vieler möglichen Zweifel – ohne die es laut einem indianischen Sprichwort keine Sicherheit geben kann- zu erleben, durchleben. Auch wenn man bitte auch wieder nicht zu viel an sich zweifeln sollte- z. B. auch ob seine Trauer, der ganz spezielle Weg dafür, schlecht ist. Auch wenn das viele Leute behaupten muss das ja nicht stimmen. (Selbst) „Wenn 50 Millionen Menschen etwas Dummes sagen, bleibt es trotzdem eine Dummheit“ (Anatole France). Gerade auch als Lehre der deutschen Geschichte – mit auch zig Millionen von rechten Rattenfängern verführten Menschen - sollte es gerade in diesem Land ja auch viel mehr Toleranz, Freiheit im Denken geben, für Andersdenkende bzw. (auch oft nur etwas) „aus der Norm Fallende“. Bzw. Vorsicht davor etwas vorschnell als „unnormal“ abzustempeln. Aber wohl nicht zufällig sagte wohl ein Dichter, Kurt Tucholsky, gerade in Deutschland ja sinngemäß einmal, dass es kaum etwas Schwereres gibt als „aus der Norm“ zu fallen, „Nein“ zu sagen zum „Geist seiner Zeit“. Bzw. zu Bedingungen, Ansichten, Normen usw., die auch in Deutschland heute sicher ganz oft noch nicht optimal – bzw. auch dumm bzw. unmenschlich, unherzlich sind. Gerade auch beim Thema „Trauer“. So dass „aus der Norm, dem Rahmen zu fallen“ sicher oft etwas Gutes ist – zumindest nicht Schlechtes! Warum denn auch? Vielleicht trauert man ja „nur“ nachhaltiger, gefühlvoller, herzlicher als Millionen andere Menschen in einer viel zu unherzlichen, auch zu hektischen Gesellschaft! Auffällig anders – das muss ja aber nicht schlechter, kann auch *besser* sein! Vielleicht sogar mit „Verhaltensauffälligkeiten“. Die hatten z. B. aber auch Einstein, Picasso usw., auch in der Schule (wo Einstein auch eine 4 oder 5 selbst in Mathe hatte und sicher auch oft unruhig wurde, weil auch er aus der Norm fiel – aber eher positiv. Heute bekäme er und andere besonders schlaue, herzlich, gute Menschen sicher „AD(H)S“ diagnostiziert mit entsprechender Behandlung ... Genauso wie viele eigentlich völlig positiv, schön, nachhaltig bzw. lebendig, aktiv, gefühlvoll trauernde Menschen irgendwelche Medikamente usw.).

Und „Der Neid ist die aufrichtigste Form der Anerkennung“ (W. Busch). Offen gesagt denke ich auch, dass viele Menschen sogar wirklich neidisch sind auf Menschen, die richtig trauern – und damit lieben - können. Denn dann gibt es wohl einen Grund dafür – man hat etwas sehr Wertvolles verloren, z. B. wertvolle Menschen, Beziehungen (z. B. zu Verwandten oder Partnern, Freunden oder anderen geliebten Menschen). Der Verlust ist natürlich sehr traurig. Aber immerhin hatte man einmal so sehr lieben können, so wertvolle Beziehungen gehabt – was nicht jedem Menschen vergönnt ist, worum man wirklich sozusagen beneidet werden kann ... Es könnte einem aber natürlich auch einfach gegönnt werden (zumal man als Kehrseite der Medaille ja auch noch den Verlustschmerz hat). Eigentlich selbstverständlich, das selbstverständlichste Menschlichste überhaupt eigentlich. Dass man überhaupt auf dieses Recht hinweisen muss ist ja kein gutes Zeichen, zumal „Den Namen des Rechtes würde man nicht kennen, wenn es das Ungerechte nicht gäbe“ (Heraklit). Und auch für Aufregungen über irgendeine Form des „komischen, eigenartigen“ Trauerns gilt wohl in der Regel eher

„Moralische Entrüstung ist Neid mit einen kleinen Heiligenschein“ (H.G. Wells). Und wenn jemand Hoffnung daraus schöpft, dass er z. B. Verstorbene einmal wiedersieht – warum nicht? Selbst einer der bedeutendsten Naturwissenschaftler aller Zeiten, Albert Einstein, sagte „Vorstellungskraft ist wichtiger als Wissen!“.Und wer sagt denn, dass irgendeine Ansicht bzw. „Sitte“ was gut oder schlecht ist an „wie man trauert“ künftig nicht (ganz) anders gesehen werden könnte? „Der einzige Mensch, der sich vernünftig benimmt, ist mein Schneider. Er nimmt jedes Mal neu Maß, wenn er mich trifft, während alle anderen immer die alten Maßstäbe anlegen in der Meinung, sie passten auch heute noch“ (G. B. Shaw). Zumal es ja nichts Individuelleres, Persönlicheres gibt als Trauer – jede Trauer betrifft andere Menschen bzw. andere Situationen, Zeiten (oder beides) – ist *immer* ganz *einzigartig, speziell*! Und oft sind wohl gerade auch heute die „Sitten“ bzw. „Gesetze“, auch was angeblich gut oder schlecht wäre eher das Problem – z. B. auch bei „Gesetzmäßigkeiten“ für vermeintlich „gutes Trauern“. Die eher ganz natürliche, individuelle Formen des Trauerns beschneiden, was wirklich eines der unmenschlichsten Sachen ist, zumindest nahezu ein Verbrechen ... „Früher litten wir an Verbrechen, heute an Gesetzen“ (Tacitus).
Und in der Tat: „Verantwortlich ist man nicht nur für das, was man tut, sondern auch für das, was man nicht tut“(Laotse) - z. B. auch einfach nicht Menschen in Ruhe trauern lassen! Das zu *respekt*ieren.

Und das ist wiederum auch gar nicht so schwer. Natürlich ist sehr schwer, tröstende Worte für Trauernde zu finden – falls das überhaupt geht. Aber bevor man irgendeinen Mist erzählt, wenn auch vielleicht gut gemeint („wird schon wieder gut“) kann man auch einfach einmal den Mund halten. Aber (leider), in der Tat: „Viele Menschen sind zu gut erzogen, um mit vollen Mund zu sprechen; aber sie haben keine Bedenken, dies mit leeren Kopf zu tun“ (O. Wells). Wenn man nichts Schlaues, Hilfreiches beizutragen hat kann man sich auch wirklich einmal, zumindest als Nicht-Angehöriger, einfach heraushalten. Zumal wenn man gar kein „Mandat“ bekommen hat etwas dazu zu sagen, gar nicht um seinen Senf gefragt wurde. Vielleicht wollen Betroffene ja auch leiden, tief trauern- auch als Zeichen von Liebe!

Wobei allerdings auch wirklich zur Vorsicht gemahnt werden muss. Tiefe Trauer, Verzweiflung, Unsicherheit, Ohnmachtsgefühl, Verlust, Angst, Einsamkeit, Leere, Schmerz usw. kann Menschen völlig den Boden wegziehen, bis hin zum Suizid. Auch stärksten Menschen! Die sich dann wirklich unbedingt, auch professionelle, Hilfe suchen sollten (bzw. man diesen dabei helfen- zumal als Angehöriger, Partner, Freund – wenn man natürlich auch nicht zusehen möchte wie Betroffene zugrunde gehen).
Es kann auch zuvor als nicht so wichtig gesehene bzw. verdrängte Konflikte z. B. zwischen Familien-Mitgliedern wieder hochholen bzw. auch neue erzeugen (ggf. auch in z. B. erbrechtlichen Fragen) und auch schwere

Identitätskrisen erzeugen, zumal wenn man erst nach dem Verlust erkennt, dass die Beziehung doch wichtiger für einen, ggf. auch (z. B. Eltern, Geschwister, Kinder) die eigene Identität war als man zuvor dachte. Auch für seine „Wurzeln“ bzw. Zukunft. Oft kommen auch Schuld-Gefühle hoch – z. B. ob man genug für Gegangene (oder auch Verlassene) da war usw. All das muss nicht aber kann auch den stärksten Menschen sehr existenziell erschüttern, bis hin zu akuter Lebensgefahr- was auch sehr plötzlich (schnell aber manchmal auch erst nach längerer Zeit) unerwartet geschehen kann. Wirklich bei ausnahmslos jedem Menschen!

Zumindest kann es, immerhin ja noch besser als Suizid (bzw. dort mit der Möglichkeit diesen zu vermeiden) sogar bis hin zur Psychiatrie führen. Und das auch gerade in der Gesellschaft heute- gerade auch in Deutschland. Die ja oft viel zu kalt, krank, unherzlich, unehrlich, ungerecht usw. ist- sodass gerade auch die guten, anständigsten, ehrlichsten, herzlichsten Menschen ihr zum Opfer fallen, zumindest oft in Psychotherapie landen – wie ich eben auch alltäglich in meiner Beratung immer wieder sehe. Und diese, eigentlich ja wirklich tollen, (besonders) guten Menschen – wie es z. B. auch L. Ciompi beschreibt (ein berühmter Schweizer Psychiater, in seinem Buch „Affektlogik“) deshalb evtl. sogar in der Psychiatrie landen. Weil sie auch einfach „nur“ so herzlich, liebevoll, gefühlvoll sind, dass sie z. B. auch wegen großem Liebes-Kummer, großem Verlust-Schmerz, Trauer natürlich auch umso mehr leiden müssen. Zumal wenn sie für ja eigentlich sehr positive Gefühle,

Wertschätzung für die Gegangenen (durch Betrauern des Verlustes dieser Menschen) auch noch wenig Verständnis oder gar Vorwürfe bekommen von weniger gefühlvollen, wertschätzenden, herzlichen Menschen in einer ziemlich unguten (Um-) Welt. Dann sollte ja aber eher die auch insofern kranke, unmenschliche (Um-) Welt, Gesellschaft eher Gegenstand der Betrachtung bzw. Behandlung sein ... Auch wenn bei großem persönl. Verlust-Schmerz doch auch medikamentöse Unterstützung nötig, hilfreich sein kann und ggf. auch klinische, stationäre (z. B. in psychosomatischen Klinik, Abteilung).

Tipps dazu zu vermeiden, dass sich das so gefährlich zuspitzt, soweit möglich noch besser damit umzugehen bzw. für nötige Beratung finden Sie deshalb auch hier, auch für Beratungsstellen vor Ort und im Internet. Auch wenn „überzogene" bzw. Menschen gefährdende Trauer meiner Erfahrung nach auch fast immer nur Folge davon ist, dass man Menschen nicht einfach *ganz natürlich bzw. ihrer ganz individuellen Natur, Bedürfnissen und Wünschen nach trauern lässt.* Erst dann, wenn man quasi in dieses eigentlich völlig Normale, Gesunde, Natürliche eingreift – auch z. B. indem man nach kurzer Zeit (Monaten, Wochen, manchmal Tagen!) schon wieder „Funktionieren" erwartet-wird es – z. B. als sich wehren gegen Eingriff in den persönlichen, völlig legitimen Trauerprozess – unnatürlich! Und nicht weil die Trauernden „etwas falsch gemacht" hätten! „Überzogene" Trauer ist so oft nur eine Reaktion, sich wehren dagegen, darauf. Auf ein auch ganz

natürliches Bedürfnis, dass man eben nicht einfach wieder bald zur „Tagesordnung“ übergehen sollte, möchte, in den Alltag – als ob nichts passiert wäre. Ein verständliches Gefühl nach einem sehr schmerzvollen Verlust wie es z. B. auch in dem Gedicht von W. H. Auden („Funeral blues“) heißt, wo ein Trauernder unter anderem sagt (frei ins Deutsche übersetzt): „Er war mir Nord, mir Süd, Mir Ost und West (…). Nie wird es sein, So wie es war. Nie wieder gut“.
Auch wenn das mit der Zeit teilweise wieder etwas anders aussehen kann – direkt nach dem Verlust ist das oft einfach so, wenn geliebte Menschen gehen. Das ist ja auch ein Zeichen von Liebe, Wertschätzung - für ja auch wichtige, wertvolle Verluste, Menschen! Und damit „umzugehen“ bedarf natürlich auch einiger Zeit (zumal wenn man Gegangene auch lange kannte). . Von „heute auf morgen“ oder auch sonst in relativ kurzer Zeit einfach wieder zum Alltag überzugehen wäre ja auch komisch, nach dem Verlust eines so wertvollen Menschen, einer so wertvollen Beziehung. Nicht würdigend, Würde-und Respektvoll genug. Das, diesem Menschen kann man natürlich auch länger hinterhertrauern. Auch ein Leben lang. Warum auch nicht? Was soll daran ungut, unnormal sein?

Wenn es einem, auch länger, auch die Sprache verschlägt. Man selbst oder auch andere gar nicht wirklich wissen, was man sagen soll. Wie es auch im Lied „Words“ (... don `t come easy) heißt. Oder auch in Cat Stevens „how can I tell you“ (wie kann ich dir sagen, dass ich dich liebe ...). Das ist

ja generell schon nicht einfach. Ebenso wie z. B. auch „tut mir leid“ (ja, sorry seems to be the hardest word ...). Aber natürlich erst recht nicht, wenn man es bei einem Abschied sagen muss, vielleicht für immer, ohne Antwort – z. B. auch am Grab eines geliebten Menschen. Dann bekommt nicht nur „you can `t always get what you want“ nochmals eine andere Dimension- sondern auch Worte wie diese, frei übersetzt, aus „how can I tell you“: (…) „Ich sehne mich danach, dir zu sagen, dass ich immer an dich denke
Ich rede immer mit dir und bin traurig, dass du das nicht hören kannst, traurig, dass du das nicht hören kannst (…)“. Auch wenn man noch so viele Worte nützt. Bzw. vielleicht verliert ... Love hurts … Natürlich auch in Form von Trauer. Man braucht dann auch Menschen, die mit einem in passender Art und Weise, passenden Momenten darüber reden – oft vielleicht auch schweigen(d). Vor allem auch zuhören. Manchmal auch fachmännisch begleitet. Oder mit guten Freunden. Oder auch anderen Betroffenen – geteiltes Leid ist oft doch halbes Leid und oft hilft auch „nur“ reden, auch zum soweit möglich „Verarbeiten“. S. Freud baute darauf ja auch seine Theorien auf (der „Redekur“). Allerdings braucht man eben auch wirklich Gelegenheiten dazu, vor allem auch Zeit. Unter Zeitdruck bzw. ohne genug Zeit kann man nicht gut, genug trauern. Und wird so auch nicht wirklich weiter kommen können. Ja, „Everybody s got a hungry heart“, hat Sehnsüchte ... Was aber, wenn diese nicht mehr erfüllt werden wie früher – weil jemand gegangen ist? Natürlich hungert, dürstet man dem – oder der - hinterher, auch wenn Sehnsüchte nicht mehr gestillt

werden können. Umso länger vielleicht sogar umso schlimmer. Aber ja auch nicht so unverständlich, oder? Auch dass dann ein Loch entsteht, oder ein „empty heart" ... Auch noch längere Zeit später – oder auch erst dann. Wenn zuvor auch wirklich galt „the show must go on" – für z. B. auch die (restliche) Familie, sich um die, auch Job usw. kümmern – für Weiteres gar keine Zeit blieb. Oder auch zum Selbstschutz. „Funktionieren" kann natürlich auch längere Zeit nötig sein, für sich, seinen Alltag, und andere Menschen - und ist auch eine große Leistung! Aber auf Dauer bröckelt dann auch oft viel an der „Maske" bzw. dem (ggf. auch nach Außen recht fröhlichem) Schauspiel, der Show. Zumal ja selbst Clowns nicht immer nur lachen. Bzw. sogar oft traurig sind. Wie auch viele Shows, Tragödien, ... Die ja auch zu den größten Werken der Weltliteratur zählen – Lustiges eher selten - und universell, auch zeitlos sind. Fragen wie „Sein oder Nichtsein" stellen sich ja immer wieder, seit Jahrhunderten bzw. Jahrtausenden oft, allen Menschen. Ganz normal, ganz menschlich (und oft verbunden mit Trauer und Tod – und last not least Liebe ...).

Wenn man z. B. „ganz lange" trauert, z. B. Jahre lang. Außer dass man natürlich auch Jahre oder Jahrzehnte lang traurig sein kann, dass jemand nicht mehr da ist – das ist ja nicht schlimm, sondern ein Zeichen großer Verbundenheit, sogar über den Weggang hinweg bzw. „forever love"– würden viele dieser lange Trauernden oft schon viel früher auch wieder mit intensivem, leidvollem Trauern aufhören können. Wenn man sie nur einmal richtig hätte trauern

lassen! Und viele der Menschen, die z. B. auch in meine Beratung kommen, machen sich dann auch noch selbst Vorwürfe bzw. sehen sich als krank, dumm oder schwach an, wenn sie „so lange", „ewig" trauern. Zumindest weil ihnen das von anderen eingeredet wird- aus dem persönlichem, beruflichen Umfeld aber manchmal, oft auch sogar von „Fachleuten" (ob diese dann aber wirklich so fachmännisch – bzw. menschlich – sind?).
Sieht man sich aber dann einmal genauer an wie lang die „Ewigkeit" des Trauerns war kommt man auch fast nie auf Jahre. Oder auch nur Monate. Oft nicht einmal Wochen. Vielleicht ist der Verlust Jahre her, vielleicht schon kalendarisch gesehen viele. Aber die Zeit, die man faktisch – und das ist ja entscheidend! – und damit auch qualitativ hatte sind oft nur, wenn überhaupt, *Tage*! Es dauert ja auch erst einmal eine Zeit, bis man überhaupt den Verlust begreift, mit auch ganz natürlichen Mechanismen des (zuerst) Verdrängens, nicht wahrhaben Könnens bzw. Wollens, dann auch Wut und dergleichen (dazu auch noch im Folgenden mehr). Dann noch unglaublich viele organisatorische Zwänge – an Todesfällen wird in Deutschland am 2.meisten Profitrate gemacht! Da wollen Viele verdienen. Bürokratie tut ihr übriges, unzählige Formulare für Krankenkassen usw., zig Erledigungen. Man kommt meistens erst einmal längere Zeit gar nicht zum Trauern. Die Arbeit oder Familie, Verpflichtungen, Alltag rufen auch bald, man soll oder muss (angeblich) „funktionieren". Und wenn einen der Alltag dann gepackt hat kommt man oft Jahre lang, oft Jahrzehnte nicht zum

Trauern. Kein Wunder, dass der Schmerz oft erst Jahre oder Jahrzehnte später ganz hervorkommt, hervorkommen kann – bzw. immer wieder. Wenn man eben nie wirklich Zeit hatte dafür zuvor. Und kommt es dann dazu fehlt oft das Verständnis. „Das ist doch schon so lange her". Nein. Gefühlt, zumindest da man ja zuvor nie richtig zum Trauern bzw. „Verarbeiten" kam ist das sozusagen erst gestern geschehen, trotz kalendarisch vielleicht sogar vieler verstrichener Jahre oder sogar Jahrzehnte! Und Trauer, die „Erlaubnis" dazu will sich natürlich auch kein Mensch nehmen lassen. Zumal ja auch der Verlust mit zunehmenden Jahren auch noch deutlicher bzw. bedauernswerter werden kann. Wenn z. B. eigene Eltern starben bevor man selbst Mutter oder Vater war. Und wenn man dann selbst Kinder bekommt die Großeltern schmerzlich vermisst werden. Auch als Ratgeber und sonstige Unterstützer, Teilende auch von Leid – aber auch Freud! Es ist ja auch nicht so, dass immer alles besser, einfacher wird, je mehr Zeit verstreicht. Je länger man z. B. ohne Trinken ist umso schlimmer, belastender wird das ja auch. Und man kann ja auch nach Zusammensein mit Menschen „dürsten", die man aber nicht mehr hat- was dann auch mit zunehmender Zeit vielleicht sogar noch schmerzlicher wird, auch zunehmend.

Letztlich ist Trauer ja i. d. R. auch ein *Zeichen, Ausdruck von Liebe* bzw. deren Fortsetzung (selbst wenn man Jemanden oder etwas, z. B. auch eine Arbeit, nicht nur geliebt hat aber doch teilweise schon, zumindest teilweise etwas davon schmerzlich vermisst). Und eine lieblose

Gesellschaft, Menschheit sollte ja sicher nicht unser Ziel sein. Es wäre ja auch komisch, wenn der Verlust eines lieben oder sogar geliebten Menschen (oder vielleicht auch Tieres, einer Tätigkeit usw.) so einfach wäre. Denn wenn man etwas sehr betrauert heißt das ja auch, dass es einem sehr wertvoll ist bzw. war. Es ist also auch eine Wertschätzung, etwas Positives und Schönes! Erst am Ende einer Beziehung sieht man auch oft erst, wie diese wirklich war heißt es ja. Manchmal sieht man dann, dass sie vielleicht gar nicht so gut war wie man zuvor dachte. Oft, das ist auch menschlich, sieht man dann aber eben auch erst ganz was man alles Positives, Gutes hatte zuvor ... **Trauernde Menschen sind deshalb ganz sicher auch keine dummen, "schwachen", sie müssen sich sicher nicht schämen!**

Übrigens auch für Gefühle wie Wut nicht. Z. B. auf Menschen, die andere nicht richtig trauern lassen. Oder von Trauernden zuviel verlangen, wie dass z. B. die Zeit „alle Wunden heilt". Das tut sie nicht (immer). Dazu müssen Wunden doch oft erst einmal etwas versorgt, ggf. auch verarztet werden. Z. B. auch mithilfe eines Arztes oder Therapeuten. Oder auch eben von Freunden, Verwandten, wem auch immer- die wirklich anerkennen, zugestehen (auch nicht nur mit Worten, sondern tatsächlich), dass man richtig trauern darf, traurig sein darf, auch längere Zeit. Auch akzeptieren, dass man manche Wunden, Narben gar nicht „geschlossen" haben möchte – weil sie Ausdruck des Verlust-Schmerzes sind, sozusagen ein Zeichen des Gedenkens. Oder auch Wut auf Gegangene, dass sie gegangen sind. Auch wenn man es ihnen gönnt bzw. ihnen eigentlich nicht böse ist bzw. böse sein kann. Man kann trotzdem enttäuscht, wütend über den Verlust sein, die Situation (nicht Person) also. Und man kann auch grundsätzlich wütend darauf sein, dass in der Tat, wie es z. B. auch H. Grönemeyer in einem Lied besingt „das Leben ist nicht gerecht“. In der Tat trifft ja auch sehr, viel zu oft, zu – wie ich z. B. auch seit dem Tod meiner Eltern und vieler anderer guten Menschen weiß - „the good die too young“. Was teilweise auch gesellschaftlichen, sozialen, politischen Ungerechtigkeiten geschuldet ist, die auch *zurecht* sehr wütend machen können, auch nicht nur einige, sondern längere Zeit – so sterben selbst im „hochzivilisierten“ (?) Deutschland selbst heute ja noch Menschen bestimmter, auch sozialer, Herkunft deutlich früher als andere (nachzulesen z. B. bei T. Lampert, L. E. Kroll, A. Dunkelberg: „Soziale Ungleichheit der Lebenserwartung. Aus Politik und Zeitgeschichte" – Herausgeber Bundeszentrale für politische Bildung - 42/2007). Weltweit sterben, wie ja auch immer wieder in Berichten von z. B. Unicef oder der OECD zu lesen ist, auch *Milliarden* Menschen eigentlich völlig unnötig – nur weil einige wenige Menschen von Armut, Not, Kriegen bzw. viel zu überteuerten Preisen für Lebensmittel, Medikamente usw. profitieren. Und selbst im sich als so demokratisch und sozial (?) preisenden Deutschland gibt es ja eine „2-Klassen-Medizin“, sterben Menschen auch wegen Mangelernährung. Und auch mehr Menschen in Krankenhäusern wegen dort gemachten Fehlern als bei z. B.

Verkehrsunfällen. Obwohl es technisch zumeist völlig problemlos wäre das zu verhindern, oft auch ohne (große) Kosten, oft scheitert es auch einfach nur an der Eitelkeit z. B. einiger Ärzte bzw. Klinik-Leitungen (bzw. an völlig unzumutbaren Arbeitsbedingungen für fast alle Ärzte, die natürlich dann auch Fehler produzieren). Auch hier wäre ja nicht gut, wenn Wut hiergegen zu viel „geschluckt" werden würde – denn dann gäbe es ja auch zu wenig Proteste, in angemessener Form Widerstand gegen so etwas (und dann auch immer mehr bzw. noch mehr Trauerfälle ...). Bzw. für eine bessere Welt, von der zu träumen man ja nicht aufhören sollte, wie es auch in einem Lied von X. Naidoo heißt - bzw. auch im berühmten „Imagine" John Lennons. Wo er ja auch besang, dass er sicher nicht der einzige „Träumer" ist. Und in der Tat arbeiten ja schon unzählige Menschen an einer besseren Welt (vgl. auch im Anhang genannte Adressen dazu, z. B. bei „bessereweltlinks.de").

Dass man auch längere Zeit traurig (und wütend usw.) ist kann also völlig normal bzw. eigentlich ja auch etwas Positives, Nötiges sein (auch da Zeit doch auch einige Wunden heilen kann bzw. ermöglichen kann damit anders umzugehen – was aber dann eben auch diese Zeit erfordert, oft auch längere. *Liebe kennt bekanntlich keine Grenzen – warum sollte Liebe in Form von Trauer dann aber nur in begrenzter Zeit „in Ordnung" sein?).*

Allerdings eben auch sehr schmerzvoll. Es kann extrem weh tun, körperlich und psychisch, seelisch- durchaus auch längere Zeit, mit evtl. fatalen Folgen. „Was einen nicht umbringt macht einen hart“ ist hier auch sehr bedenklich, denn ob „Härte“ wirklich immer so erstrebenswert ist für Menschen, zumal bei Themen wie Trauer und Liebe? Sicher nicht. Und große Trauer bzw. deren Folge können auch wirklich umbringen! Ohne Hilfe kann das dann wirklich tödlich enden - auch wirklich durch Suizid aber auch "schleichenden Tod" wie Verlust von Lebenssinn, Lebensmut mit Folge z. B. des sich völlig gehen oder hängen Lassens, ggf. auch Drogen-Problematik, Depressivität bzw. sonstigen Beschwerden (auch körperlich, psychosomatisch, psychisch sehr stark!) usw. mit natürlich auch Folgen für Partner, Familie, Beruf usw.

Man sollte sich dann also unbedingt Hilfe suchen, auch professionell.

Das kann sonst fatal, wirklich auch tödlich enden! Zwar ist nicht immer therapeutische Hilfe nötig (wie z. B. auch Degen und Furman nachweisen). In der Regel aber, zumindest bei schwerem Verlust, schon (und was „schwer“ ist kann man oft alleine auch schwer beurteilen, ist aber auch eine sehr subjektive Sache – *wenn man schwer leidet hat man auch Hilfsbedarf, egal was andere dazu sagen*!).

Sehr bewegend und eindrücklich zeigte das z. B. auch die Aussage der Witwe von Robert Enke auf der Presse-Konferenz am Tag, nachdem er sich das Leben genommen hatte: „Wir dachten, mit Liebe geht das“.

Aber Liebe bzw. Hilfe von Freunden, Partnern, Verwandten alleine reicht leider oft alleine doch nicht. Selbst bei sehr starken Menschen wie z. B. auch R. Enke- immerhin ja Nationaltorwart, stärkster seiner Zunft also, der auch schon zig Mal äußerst erfolgreich war, auch erfolgreich viele Niederlagen verarbeitet hatte ... Und auch ein – positiv – sensibler, gefühlvoller Mensch (auch sehr sozial aktiv), mit viel Herz. Ein starkes, gutes Herz kann ja aber auch mehr „bluten", brechen, ... R. Enkes Herz brach so der frühe Tod seiner geliebten kl. Tochter, was er nie richtig verkraftet hat – da er sich letztlich auch zu wenig profess. Hilfe dafür suchte. Oder nicht solche, bei der ihm optimal geholfen werden konnte, er sich gut „aufgehoben" fühlte (was natürlich auch ganz wichtig ist). Gerade auch bei ansonsten – nicht nur aber auch menschlich- starken Menschen, wenn große Gefühle, Liebe im Spiel ist erfordert das aber auch (noch) mehr gute Unterstützung!

Zumal Trauer bzw. Liebeskummer, Verlust geliebter Menschen wirklich *sehr* schmerzen kann, auch körperlich – auch alleine die „Entzugserscheinungen". Zu diesem Schluss kam kürzlich beispielsweise auch die bekannte Anthropologin Helen E. Fisher von der New Yorker Rutgers University. Diese hat, auch z. B. mithilfe von Hirnscans, nachweisen können, dass z. B. Menschen, die gerade von ihrem Partner verlassen wurden, ähnlich brutale Entzugserscheinungen aufweisen wie Drogenabhängige, denen die Droge verwehrt wurde! Das ist das Ergebnis nach 10 Jahren Forschung hierzu. Dieser Schmerz ist also nicht nur Einbildung oder

Gegenstand von unzähligen Gedichten, Romanen, Musik – sondern auch wirklich nachweislich Realität (und auch z. B. Goethe schrieb nicht nur hierzu – er litt auch Zeit Lebens immer wieder daran. Und sagte auch „Lass mein Aug den Abschied sagen, den mein Mund nicht nehmen kann! Schwer, wie schwer ist er zu tragen und ich bin doch sonst ein Mann“).

Laut Fisher sind „Gebrochene Herzen“ auch nach ihren Forschungen wirklich brutal schlimm. Betroffene reagieren, wenn sie z. B. ein Foto von Ex-Partnern zu Gesicht bekommen, äußerst heftig. Die Reaktionen reichen demnach von heftigem Verlangen, emotionalen Ausbrüchen, Bedürfnis nach Nähe bis hin zu physischen Schmerzen und tiefer Verzweiflung. Ähnlich wie z. B. bei Drogen-Abstinenz bzw. –Entzug, was ja auch unbedingt fachmännisch begleitet werden muss, sonst auch unerträglich sein kann und in den Suizid treiben (und Sucht hat ja meistens auch mit *Sehn*sucht nach etwas zu tun. Auch wenn Vorfreude die schönste Freude sein mag – was ist aber, wenn jemand, den man sehr sehnsüchtig vermisst, nie wieder kommt? Oder man nie wieder („richtig“) mit diesem zusammen sein kann ...). Auch hier hängt Freud und Leid ja sehr eng miteinander zusammen bzw. kann schnell umschlagen. Aus Sehnsucht, aus großer Zuneigung, Liebe, wird dann etwas sehr Leidvolles, Hartes - wie es in einem Lied heißt „And I miss you like the deserts miss the rain“. Wie ich auch aus eigener Erfahrung weiß – und auch dies unterstreichen könnte, an meine auch viel zu jung

gestorbenen Eltern gerichtet: „Ich würde Jahrtausende lang die Sterne durchwandern, in alle Formen mich kleiden, in alle Sprachen des Lebens, um dir einmal wieder zu begegnen“ (F. Hölderlin). Auch wenn ganz sicher auch gilt: „Du bist nicht tot, du wechselst nur die Räume. Du lebst in uns und gehst durch unsere Träume“. (Michelangelo)
Das zu erreichen dauert aber natürlich auch seine Zeit, ist nicht leicht. Zumal, in der Tat: „Es ist viel dunkler, wenn ein Stern erlischt, als es sein würde, wenn er nie gestrahlt hätte“ (G. B. Shaw). Auch wenn er im Herzen, Erinnerungen ja weiter leben und strahlen kann (auch wenn das, solche „Transformationen“, natürlich auch dauern).
Denn ja, „Man lebt zweimal:
das erste Mal in der Wirklichkeit,
das zweite Mal in der Erinnerung“.
(H. de Balzac)

- eine Erkenntnis, die auch z. B. mir, meinem Leben ständig neuen Sinn gibt – da dort, in meinen Erinnerungen, auch anderen Menschen – nicht zuletzt natürlich meinem Sohn – weitergegeben, ja auch meine verstorbenen Eltern weiterleben (was auch doch sehr tröstet). Denn ja:
„Wer im Gedächtnis seiner Lieben lebt,
der ist nicht tot, der ist nur fern;
tot ist nur, wer vergessen wird“.

(I. Kant).
Und man kann den Verlust auch, wenn es auch alles andere als einfach ist, immer überleben (auch wenn man sich – ich weiß – das zeitweise kaum vorstellen kann). Zumindest mit

Unterstützung dabei. Und dabei gilt auch der Grundsatz „was hilft, hilft" – was man auch erst einmal für sich ganz speziell, individuell herausfinden muss (was ja auch seine Zeit dauert, auch um ggf. passende Hilfe, Helfer zu finden). Man trauert ja auch zum ersten Mal in einer konkreten Situation, um eine ganz individuelle Person oder Sache, hat noch keine ganz konkrete Erfahrung damit, was da hilfreich ist. Manchmal weiß man das auch gar nicht so genau (zumindest vorab kann man es auch nicht wissen):

„Anfangs wollt ich fast verzagen, und ich glaubt, ich trüg es nie, und ich hab es doch getragen - aber fragt mich nur nicht wie?" (H. Heine)

Auch wenn viele Menschen manchmal zumindest teilweise auch leiden wollen, quasi als Liebes-Beweis. Ja, Herz und Schmerz gehören auch in der Tat oft zusammen, als Kehrseite einer Medaille ... Wie ja auch in unzähligen Liedern besungen wird. Oder auch beschrieben, auch z. B. bei berühmter Weltliteratur von eben Goethe oder in "Romeo und Julia" und dergleichen. Es gibt kaum ähnlich Existenzielles. Aber die Gegangenen wollten sicher auch nicht, dass man nur noch, immer leidet ... Trotz aller „power of love", Kraft der Liebe (und damit auch Trauer – die aber natürlich auch viel Kraft kostet, man beim Verkraften wirklich auch Hilfe, Beistand usw. braucht).

Wieder glücklicher zu werden ist im Sinn aller - auch Verstorbener!

Deshalb sollte man bitte aber doch auch nicht zu viel, nur leiden bzw. gar sterben! Verstorbene wollten z. B. ja sicher nicht, dass ihre Angehörigen, Freunde, Lieben auch sterben (zumal ob man sich dann nach dem Tod wiedersieht ja zumindest nicht sicher ist!). Und auch dass sie wieder glücklich werden ... Trotz aller (gelegentlichen) Traurigkeit, die ja auch zu jedem Leben gehört, bzw. Nachtrauern.

Zumal Trauern ja auch nicht unbedingt (ständig) „traurig sein“ bzw. das zu zeigen (man muss niemandem etwas „beweisen“!) erfordert. Man kann dies oft auch fröhlich, freudig tun – wenn man sich z. B. gemeinsamer Vergangenheit freudig erinnert oder auch Verstorbene weiter in sein Leben integriert, zumindest im Herzen. Oder auch durch Rituale. Und kaum anderswo wird so viel und herzlich gelacht wie z. B. in einem Hospiz. Lachen bzw. Humor hilft ja auch oft, auch kaum Erträgliches zu ertragen. Auch Menschen vorzuschreiben, dass sie (ständig, irgendeine „erwartete“ Zeit lang oder zu bestimmten Zeitpunkten) traurig sein *müssen* in irgendeiner bestimmten Form, nach irgendeinem Dogma, wäre natürlich auch verkehrt. Zumal man, das Gehirn, auch aus Selbstschutz oft Traurigkeit verdrängt bzw. „ausblendet“. Zumal wenn man sonst viel zu tun, im Kopf haben muss. Es ist auch normal, dass nicht nur positive Gefühle hochkommen, sondern eben auch solche wie Wut- zumindest weil der oder die andere nicht mehr da ist. Und kein Mensch, auch verstorbene, haben ja alles richtig gemacht – nobody is perfect. Wenn „alles hochkommt“ kommen ja auch nicht unbedingt immer nur schöne Erinnerungen hoch. Ein „Gefühlschaos“ oder auch „Leere“, Wut, ggf. auch Hass (auch psychoanalytisch gesehen eng mit Liebe verknüpft), viele ambivalente Gedanken und Gefühle, sind auch ziemlich normal, üblich, verständlich. Wenn auch natürlich wahrlich nicht einfach.

Jeder soll ja auch seinen ganz persönlichen Weg gehen können, auch manchmal traurig, manchmal nicht ... Natürlich heißt auch nicht, dass jemand der nach dem

Verlust eines Menschen nicht ständig traurig durch die Gegend läuft diesen nicht liebte. Vielleicht trauert der halt nur anders, auf seine Weise (oder auch mehr alleine). *Man muss sich für seine spezielle Art und Weise der Trauer ja nicht rechtfertigen!* Man muss auch nicht ein Trauerjahr oder dergleichen, „Formelles" – es geht ja um Inhalte, Gefühle! - einhalten (oder z. B. Trauerjahrestage „zelebrieren" – man sollte ja auch zu Lebzeiten z. B. Eltern nicht nur am Vater-oder Muttertag gedenken ... Man kann es aber natürlich, wenn man möchte). Natürlich muss man aber auch nicht ständig fröhlich durchs Leben rennen – generell nicht und nach sehr schweren, traurigen Verlusten natürlich erst recht nicht.

Nur machte ich mir z. B. enorme Vorwürfe, als ich zum ersten Mal den Todestag meines Vaters vergessen hatte – wohl den 7.ten oder 8.ten. Wie konnte ich den nur vergessen, ihn quasi „verraten" (da ich mir da auch noch einen schönen Tag gemacht hatte – an so einem Gedenktag, „Trauer-Tag"!). Ich fühlte mich fast, als hätte ich ihn nun endgültig umgebracht – von wegen „tot ist nur, wer vergessen wird". Auch wenn mir das danach nur noch selten passiert ist – heute sehe ich das nicht mehr als so schlimm. Es war ggf. sogar eher positiv zu sehen: Ich brauchte nicht mehr extra „Gedenktage" – sondern das Gedenken an meinen Vater, sein Weiterleben in mir war schon so ein fester Bestandteil in mir, meinem Leben, dass ich das sowieso schon ständig tat, eben *alltäglich, jeden Tag* ... Auch von alleine, tief in mir drin, ... Ich musste auch nicht mehr extra daran denken, das (extra) „zelebrieren". Und ich werde ihn sicher nie vergessen, nie „verraten". Er ist, ebenso wie meine Mutter, in jedem meiner Atemzüge, bei jedem Schritt den ich tue, ... Wie es sinngemäß ja auch in dem Lied „every breath you take" von Sting heißt – einem Liebeslied, das von P. Daddy ja auch für einen verstorbenen Freund etwas umgedichtet und gesungen wurde („ I'll be missing you ..."). Ich bin natürlich auch nicht seit zig Jahren ständig, immer, nur traurig (nur hin und wieder, manchmal auch sehr, sehr stark. Und Fragen wie „warum", warum gerade er, sie ... Warum so jung ... kommen natürlich auch immer wieder). Aber es ist kein Verrat an Menschen bzw. Liebe zu diesen, nicht unloyal, kein „Nicht-Liebesbeweis", wenn man wieder fröhlicher, glücklicher wird! Auch mit anderen Menschen.

Auch wenn es unheimlich rührend ist, wenn man z. B. nach Tod eines Partners aus Treue, Loyalität, Liebe usw. keinen neuen mehr will. Legitim wäre ein neuer aber natürlich, das widerspricht auch nicht der Liebe zum früheren Partner, ist kein "Verrat" oder dergleichen! Es ist nur ein *weiteres, anderes* Glück. Das alte Glück bzw. die alte Liebe kann natürlich nichtsdestotrotz und unbenommen im Herzen weiterleben. Man kann ja auch z. B. als Mutter, Vater, Bruder, Schwester 2 Menschen (Eltern, Kinder, Geschwister) lieben. Das muss ja nicht auf einen begrenzt sein. Und auch keine „Konkurrenz". Gerade wenn man etwas ganz einmaliges, einzigartiges wie einen Menschen betrauert. *Etwas Einmaliges kann keine Konkurrenz haben*!

Und dass man mit egal was einem auch im Leben passierte, wie schmerzlich das auch sein mag und in welchem Alter auch immer es passierte, man anschließend auch wieder glücklich(er) werden kann belegt z. B. anhand vieler Beispiele und wissenschaftl. Untersuchungen B. Furmann in seinem nunmehr berühmtem Buch „Es ist nie zu spät eine glückliche Kindheit zu haben“. Mit der Zeit - aber oft auch nur, zumindest etwas, Hilfe! - kann man selbst aus schwersten Erlebnissen noch wachsen, lernen. Betonung aber auf „mit der Zeit" - *das braucht also auch wirklich Zeit*! Selbst Menschen mit schlimmsten Erlebnissen können dann genauso oft ein erfolgreiches und glückliches Leben haben wie andere, selbst wenn z. B. Eltern früh gestorben sind. Nicht nur weil wohl wirklich gilt „Nichts ist so hoffnungslos als dass wir nicht Grund zu neuer Hoffnung fänden“ (Machiavelli). Auch weil man mit der Zeit auch andere wichtige Menschen finden kann - zwar kein Ersatz aber doch Grund, Sinn bzw. Hilfe genug zum Leben. Und auch weil in der Tat, auch – z. B. von Furman - wissenschaftlich nachgewiesen wurde „es ist nie zu spät eine glückliche Kindheit zu haben“. Bzw. ein glückliches, erfolgreiches Leben auch als Erwachsener. Weder „Trennungskinder“, Waisenkinder, missbrauchte Kinder etc. müssen erfolglos, unglücklich werden. Viele davon werden nur nicht glücklich, weil sie denken, das müsste so sein aufgrund der Vergangenheit! Selbst wenn z. B. aber Eltern früh verstarben oder sonst zu wenig oder gar nicht gut da waren kann das aber ausgeglichen werden durch andere Menschen, Bezugspersonen. All diese Menschen mit schwerer Kindheit bzw. auch späteren Erlebnissen können sogar, wie auch Furman belegt, viel glücklicher und erfolgreicher werden als andere Menschen – und werden das auch zumindest genauso oft!

Zumal wenn sie dann noch mehr wissen, was zählt im Leben und stolz sind auf das was sie überstanden haben in der Kindheit, Jugend (und evtl. auch danach). Es ist auch ganz wichtig diese entsprechenden Fähigkeiten, Stärken zu sehen, anzuerkennen, nutzen! Je mehr Schlimmes man erlebt, überstehen muss umso mehr kann das natürlich auch traurig machen. Umso mehr noch kann man aber auch mit der Zeit noch erfolgreicher, glücklicher (beides ist ja auch sehr subjektiv) werden. Weil man dann noch mehr weiß, was zählt im Leben usw. Ich erlebe immer wieder Menschen mit unglaublich vielen, starken schlimmen Erlebnissen. Aber sehr erfolgreich im Leben, oft nahezu unfassbar herzlich, sozial ... und mit der Zeit auch (wieder) glücklich. Mit auch sehr viel Positivem zu geben für andere Menschen, z. B. auch Kinder. Wichtig ist eben nur, dass man entsprechende Unterstützung bzw. Beratung bekommt (auch mit diesen o. g. Erkenntnissen). Aber natürlich auch um die trotzdem ja natürlich nicht schönen Erlebnisse besser verarbeiten bzw. verkraften zu können. Und, last, not least, eben auf jeden Fall auch genug Zeit dafür!

Und z. B. Verstorbene sozusagen etwas weiterleben zu lassen ist ja auch möglich. Beispielsweise auch durch ein, wenn auch „nur“ kleines, soziales Projekt bzw. Geste mit, in deren Namen, Gedenken. So wie es, allerdings im (sehr) Großen ein Mann machte als Beispiel für „the power of love“, auch über jegliche Grenzen inkl. dem Tod hinaus,

auch zum nicht umsonst gestorben sein. Damit ein völlig grausamer, eigentlich unnötiger Verlust bzw. das Leben, Sterben des Verlorenen wenigstens noch einen Sinn bekommt. Der – inzwischen ja auch berühmte - Vater des Kindes in Dzenin, das von gegnerischen Soldaten umgebracht wurde. Er für die nächste Generation der Völker (Israels und Palästina) aber ein Zeichen setzte, zu dem ich z. B. wohl kaum in der Lage gewesen wäre – indem er das Herz und andere Organe spendete für Kinder auch des „Feindes", die nur mit diesen weiterleben konnten. Wie schwer muss das gewesen sein.. (wie der Vater auch in einer TV-Dokumentation beschreibt, „das Herz von Dzenin") ... aber wie menschlich groß! Man kann aber auch wie ja schon beschrieben Menschen „nur" im Gedanken, der Erinnerung, eigenen Herzen weiterleben lassen (s. auch unten).
Worum es hier auch geht, gehen kann, behandelt das – auch großartige - Lied der Gruppe „Unheilig" – „Geboren um zu leben". Eines der erfolgreichsten überhaupt in Deutschland, eine „Hommage an das Leben" - gewidmet dem verstorbenen Freund des Sängers, wo es unter anderem heißt:
„Es fällt mir schwer
ohne dich zu leben (…)
Ich stell mir vor
dass du zu mir stehst
und jeden meiner Wege
an meiner Seite gehst". Eben auch mit dem Gefühl „you `ll never walk alone" sozusagen…
Und, auch als Ausblick:

"Ich sehe einen Sinn
seit dem du nicht mehr bist,
denn du hast mir gezeigt
wie wertvoll mein Leben ist".

Man kann also auch sein Leben sozusagen dem Gegangenen widmen – so wie ich auch z. B. meines, all mein Schaffen, meinen Eltern – dessen Gedenken, „Weiterleben" (bzw. Kraft daraus ziehen). Auch gegen dessen, deren Vergessen – denn in der Tat: „ Wer im Gedächtnis seiner Lieben lebt ist ja nicht tot, er ist nur fern! Tot ist nur wer vergessen wird". Man kann, sollte sich auch um z. B. (Enkel-) Kinder Verstorbener kümmern, durch die ja auch noch deren Blut fließt, um sie weiterleben zu lassen, ... Und denen auch erzählen von den Verstorbenen, die das dann auch weitererzählen können. Man kann deren Biografie auch aufschreiben zum Weitergeben, ... Unvergänglich, unvergesslich.
Allerdings, wie es auch in einem Lied X. Naidoos heißt sinngemäß („kümmere dich erst einmal um dein Leben, dann um uns"), muss man um das Leben anderer zu retten, darauf aufzupassen, Andenken pflegen und das – auch posthum - zu schätzen sich oft ja auch erst einmal um sich selbst kümmern, auch an sich denken – sonst ist man zumindest auf Dauer ja auch gar nicht mehr in der Lage sich um Andere, deren Leben bzw. Andenken, Gedenken usw. zu kümmern!

Und das natürlich auch gerade, wenn es einem nicht so gut geht wie z. B. eben gerade auch nach dem Verlust wichtiger Menschen (oder auch Sachen). Zumal wir ja auch kaum gelernt haben mit Verlusten bzw. (etwas bzw. überhaupt) „Verlieren“ umzugehen, auch nicht mit Ohnmachtsgefühlen (Ohnmacht auch im Sinne von „Ohne Macht“, dem Gefühl ohne Macht zu sein, auch dabei etwas am Verlust oder auch Schmerz zu ändern).

So wie es z. B. im Lied „don `t give up“ heißt (von Peter Gabriel, frei übersetzt):

„(...) Ich wurde gelehrt zu kämpfen, gelehrt zu gewinnen
Ich hätte nie gedacht, dass ich scheitern könnte“(...).

Oder auch bei „Kein Weg zurück (der Gruppe „Wolfsheim“)“:

“Es gibt kein Weg zurück.
Weißt du noch, wie's war
Kinderzeit ... wunderbar ...“.
Und „Die Welt ist bunt und schön.
Bis du irgendwann begreifst,
dass nicht jeder Abschied heißt,
es gibt auch ein Wiedersehen“.

Und, wohl auf Einiges im Leben aber nicht zuletzt eben auch Abschied, Trennung bezogen heißt es dann dort noch:
„Ach, und könnt' ich doch nur ein einz'ges Mal

Die Uhren rückwärts drehen,
denn wieviel von dem, was ich heute weiß, Hätt' ich lieber nie gesehen (...)“.

Es ist aber (leider) Vieles bittere Realität. Aber dass es „kein zurück“ gibt ist letztlich, nicht zuletzt, gerade auch ein Zeichen der Liebe, wie es Siegmund Freud einmal als Resümee vieler diesbezüglicher Überlegungen und Erfahrungen, auch aus seiner therap. Arbeit, beschrieb:

„Man weiß, dass die akute Trauer nach solch einem Verlust ablaufen wird, aber man wird ungetröstet bleiben, nie Ersatz finden. Alles, was an seine Stelle rückt, und wenn es sie auch ganz ausfüllen sollte, bleibt doch etwas anderes.
Und eigentlich ist es recht so.

Das ist die einzige Art,
die Liebe fortzusetzen“.

You `ll never walk alone ...

Möglichkeiten der – nahezu immer nötigen-

Unterstützung

Dieses Buch kann bei Bedarf – den es, s. oben, sicher immer geben kann – keinesfalls psychotherapeutische bzw. ärztliche Hilfe ersetzen! Das kann kein Buch. Hier können nur grundlegende Gedanken geboten werden und Denkanstöße, hoffentlich auch etwas tröstende und wertschätzende. Und Tipps für weitergehende Hilfen, Unterstützung, Trost. So z. B. bei

* Evtl. Freunden (Bekannten, Verwandten, ...) - „With a little help from my friends" ist natürlich oft nötig und unterstützend im Leben, zumal in schweren Zeiten – und dass man in guten als auch schlechten Zeiten füreinander da ist, nicht nur Freud, sondern auch Leid teilt ist ja auch etwas, das Freundschaften ausmacht – that`s what friends are for! Oder eben auch gute Bekannte oder andere Vertraute, Verwandte usw.

Denn ja, wie schon Goethe wusste: Auch aus in den Weg (des Lebens) gelegte Steine kann man Wege, Brücken bauen. In schweren Zeiten braucht man dazu aber auch Unterstützung. So wie es, frei übersetzt, z. B. auch in dem wunderschönen „Bridge over troubled water" heißt von Paul.

Simon und A. Garfunkel, (Auszug): " Wenn Du müde bist, und dich ganz klein fühlst
Wenn Tränen in deinen Augen stehen, werde ich sie trocknen
Ich bin auf deiner Seite. Wenn die Zeiten schwer sind und Freunde nicht auffindbar sind
werde ich mich, wie eine Brücke über aufgewühltes Wasser hinlegen (...). Wenn die Dunkelheit kommt
Und Schmerz überall ist (...)".

Und es ist doch immer Jemand da (zumindest bei den unten genannten Stellen bzw. Orten) – wenn auch vielleicht andere Menschen als man denkt. Zumindest wenn man etwas sucht bzw. Unterstützung annimmt, nicht aufgibt. Wie es auch in Peter Gabriels „Don 't give up" bittend heißt (frei übersetzt, Auszug): „Gib nicht auf.
Du hast Freunde.
Du hast uns.
Du bist nicht der Einzige, dem es so geht.
Da gibt es nichts, wofür du dich schämen musst
Wir sind stolz auf dich.
Und irgendwo gibt es einen Platz, wo wir hingehören.
Ein Zuhause".

Und auch z. B. Xavier Naidoo bittet (in „Alles kann besser werden", Auszug):

(...) "Auch wenn du jetzt bitterlich weinst Bitte gib nicht auf
Auch wenn du grad das Leben vermeinst Bitte gib nicht auf

Auch wenn du dir verstorben scheinst Bitte gib nicht auf Auch wenn alles verdorben scheint Gib nicht auf Bitte gib nicht auf Bitte gib nicht auf Bitte gib nicht auf Gib nicht auf".

Und bei existenziellen Themen hilft oft auch einfach „nur" ein tröstendes Wort, Umarmung, gemeinsames Schweigen usw. mit Mitmenschen, Nahestehenden mehr als das irgendein Fremder, auch Therapeut, könnte – wenn es auch um Fragen geht, die Existenzielles betreffen, wozu ja auch Psychologie oder andere Wissenschaften nur bedingt helfen oder Antworten geben können, auch z. B. auf „warum" bzw. „warum gerade ich", „warum gerade er" usw. Da kann Wissen auch oft nicht viel schaffen, wenn es um *Gefühle* geht. Ja, jeder muss einmal sterben. Aber hilft z. B. diese oder sinngemäß ähliche andere Erkenntnis wirklich, wenn man gerade jemand Geliebten verloren hat? Das ist auch einfach gemein, schlimm, traurig, fühlt sich falsch an und man möchte auch zumindest erst einmal alles andere als „Begründungen" dafür … Schon gar nicht von jemanden, der Gegangene gar nicht richtig kannte und gar nicht weiß, wie groß der Verlust ist. Auch „dass es besser" war für Gegangene – z. B. wegen sonst weiter unerträglicher Schmerzen, unheilbar – sollten sich Fremde natürlich auch hüten zu sagen, wenn auch tröstend gemeint. Das steht sicher auch nur Angehörigen zu (selbst) zu sagen bzw. zu erkennen, nach ggf. fachmänn. Informationen dazu.

Oft will man Freunde, Partner, Familie usw. aber nicht zu sehr mit "hereinziehen" (oft auch aus überzogenen Selbstvorwürfen das „zu viel" zu tun). Bzw. die sind selbst mit Trauer bzw. anderen Sorgen zu sehr beschäftigt, in Stress oder warum auch immer nicht verfügbar. Oder wissen nicht wie sie helfen können. Dann gibt es, zumindest zusätzlich, auch noch folgende Möglichkeiten, mit dort auch noch mehr erhaltbaren konkreten Tipps und eben auch einem offenen Ohr- für Betroffene und auch deren Angehörige, Freunde usw.:

* Die Telefonseelsorge(.de)- auch anonym, telefonisch oder per E-Mail wenn nicht so zum Reden zumute ist, möglich. Tag und Nacht, völlig kostenlos, von hierfür qualifizierten und einfühlsamen Menschen.

* Therapeutische Unterstützung, die ein Arzt des Vertrauens vermitteln kann – der auch körperlich untersuchen, ggf. helfen kann. Sehr wichtig, auch durch div. wissenschaftliche Untersuchungen bestätigt, ist allerdings neben Kompetenz des Arztes und ggf. auch Therapeuten, dass – gerade bei diesem Thema – auch die „Chemie" stimmt, das Zwischen-Menschliche (sonst kann es sogar kontraproduktiv werden, zumindest nur wenig oder nichts helfen).

* Selbsthilfegruppen vor Ort oder im Internet - geteiltes Leid ist ja doch oft halbes Leid. Und (nur) Menschen, die Ähnliches erfahren haben, mussten können normalerweise ja auch richtig verstehen, was das bedeutet. Was andere Menschen – ohne diese Erfahrungen - oft, selbst beim besten Willen, nicht ganz können. Allerdings sollte auch hier zudem das Zwischen-Menschliche stimmen, passen. Dann kann das aber enorm hilfreich sein! Auch zum Erkennen, dass man nicht alleine ist mit seinem Leid, es

anderen – *sicher auch starken* - Menschen ähnlich geht, ggf. auch mit oft (nur scheinbar!) „komischen Gedanken, Gefühlen“ usw.

Unten und im Anhang sind auch Adressen genannt zum Finden solcher Gruppen und weitere Möglichkeiten zu Austausch bzw. zur Beratung. Diese aufzusuchen bzw. zu nutzen ist wahrlich auch kein Grund sich zu schämen. Ebenso wie wenn man sich „einen Freund kaufen muss“ (wenn man einen psycholg. Berater bzw. Therapeuten aufsucht und den selbst – bzw. über die Krankenkasse- auch für „nur“ zuhören bezahlt (das ist in unserer Zeit heute, mit Strukturen dort, teilw. auch manchmal nötig bzw. aus o. g. Gründen auch berechtigt, verständlich). Zumal Trauer natürlich auch Menschen, auch stärkste, sehr belasten kann und es andererseits eben auch, s. oben, wirklich wohl nichts Stärkeres als einen Hilferuf gibt. Und Trauer, Liebe ist wie gesagt ja auch alles andere als etwas „Schwaches“! Im Gegenteil.

Trauer ist stark, etwas Starkes und immer etwas sehr Spezielles, Individuelles!

Und richtig verstehen- was ja ganz wichtig ist- tun einen gerade bei diesem Thema eben oft nur auch ähnlich Betroffene, die auch Erfahrungen nicht nur aus „Zweiter Hand“ haben und die auch persönlich ähnlich „ticken“! Bzw. ähnlich Empfindende. Zumal man wirklich immer beachten muss, dass es kaum Individuelleres gibt als Trauer! Jeder Trauernde ist ja ganz individuell und der, die, das Betrauerte ja auch! Und jeder kann und darf das, solang er nicht andere Menschen damit gefährdet, natürlich auch auf seine ganz spezielle Art und Weise tun - allein oder nicht, laut oder leise, weinend oder auch nicht (auch wenn das meistens sehr hilft und es ja kaum Erhabeneres, Würdevolleres gibt als Tränen, Trauern) usw. Und auch längere Zeit. Denn oft kommt Trauer ja auch erst nach vielen Monaten, manchmal Jahren, auch „einfach so“ oder in bestimmten Momenten, Ereignissen im Leben erst richtig bzw. noch mehr "hoch".

Bei sehr starkem Leiden bzw. Beeinträchtigungen sollte das aber aus o. g. Gründen auf jeden Fall unbedingt fachmänn. besprochen werden! Dann reicht auch eine Selbsthilfegruppe nicht. Auch wenn für Betroffene auch längeres Trauern sicher legitim ist kann dies ja auch z. B. auch für deren Partner, Familie auch schwer werden, ggf. auch finanziell. Deshalb sollte man sich hier auch fachmänn.

Rat holen, z. B. bei einer Familienberatung – auch kostenlos bei vielen Städten, Gemeinden, Kirchen möglich.

Warum dieses Buch?
Über den Ausgangspunkt und Anliegen

„Wem nie durch Liebe Leid geschah
dem ward auch Lieb' durch Lieb' nie nah;
Leid kommt wohl ohne Lieb' allein,
Lieb' kann nicht ohne Leiden sein“

(G. von Straßburg)

Im Rahmen meiner nunmehr Jahrzehnte langen (therapeutischen) Beratungspraxis inkl. Begleitung trauernder Menschen merkte ich immer wieder, dass ich doch sehr vielen Menschen sehr helfen konnte, nicht zuletzt bei „Trauer-Themen“ (die im übrigen in irgendeiner Form bei fast jedem therap. Thema eine, oft auch sehr große, Rolle spielen). Was ich gerne auch einer breiteren Öffentlichkeit zur Verfügung stellen möchte. Kostenlos im Internet auf div. Beratungs- Foren und auch in gedruckter Form. Einnahmen hieraus spende ich auch dem als gemeinnützig anerkannten Verein „Gedenkbuch e. V.“ (Weiteres hierzu vgl. bei Interesse auf www.initiativegedenkbuch.de), dessen Initiator - auch anknüpfend an das Vermächtnis meiner Eltern - und 1. Vorstand ich auch bin. Damit auch mehr Menschen, deren Leben, gedacht werden kann. Denn „the good die too young“ trifft in der Tat ja viel zu oft zu. Gerade diese guten Menschen – denn gut, herzlich, anständig, ehrlich sein wird heute ja leider oft kaum oder nicht honoriert - haben aber oft nicht das Geld für ihre „Memoiren“, geraten deshalb auch zu oft zu schnell in Vergessenheit (also, s. oben, den „finalen“ Tod). Hier möchte der Verein auch helfen. Dies auch als Folge des Todes bzw. zum Gedenken an meine innigst geliebten, wundervollsten Eltern. Auch diese starben viel, viel, viel zu früh. Die „Verarbeitung“ dieses für mich so extrem schmerzvollen Verlustes und Erkenntnisse daraus ist wohl auch mit das Wichtigste, womit ich anderen Menschen helfen kann. Sogar noch mehr als das, was ich an diversen Universitäten und in div., auch therapeutischen,

Fort-und Weiterbildungen lernte. Und auch das was ich von vielen anderen Menschen, auch in meinen Beratungen, lernte. Die auch eigentlich sehr, sehr schön und konstruktiv trauerten und damit eigentlich auch, trotz aller Schwere, kein weiteres Problem gehabt hätten – hätten sie dafür von Mitmenschen einfach nur mehr Verständnis und – auch positive - Anerkennung gehabt!
Wobei, „verarbeiten" ... Nun ja. Ich war nach dem Tod meiner Eltern, als ich erst Anfang bzw. Mitte 30 war (wenn auch andere Menschen noch viel früher so etwas erleiden müssen war das für mich verdammt früh) auch etwa 2 Jahre in Psychotherapie. Wohl nicht einmal eine so schlechte. Wollte mir da helfen lassen, auch gegen den immensen Schmerz. Da hatte es mir nach dem Tod wirklich quasi den Boden und meine Wurzeln weggezogen, stellte sich in mir, auch obwohl ja immerhin schon relativ erwachsen, wirklich *alles* in Frage – war es eigentlich gut, was ich beruflich so machte und privat, hatte mein Leben überhaupt einen, welchen, Sinn usw. So konnte ich mich da wieder etwas „sortieren". Auch aus dieser Krise- so traurig deren Ursprung auch war- wachsen, noch mehr zu mir finden. Nicht zuletzt konnte ich auch wieder weiter leben, mir die „Erlaubnis" dazu geben. Die 7-14 Tage zwischen den therap. Sitzungen konnte ich wieder leben guten Gewissens – da ich ja die „Trauerarbeit", „Verarbeitung" bei den Therapie-Terminen machte (neben natürlich auch zwischendurch häufiger großer Trauer, Traurigkeit, manchmal ohne Tränen und manchmal so vielen, dass wirklich danach kaum noch Tränenflüssigkeit da war). Zwischendrin war es dann für

mich, alle Stimmen in mir, ok und auch eher eine willkommene Abwechslung wieder arbeiten zu gehen, unter Leute zu kommen (nach dem Tod meiner Mutter. Nach dem, späteren, meines Vaters konnte ich einige Zeit nicht unter Leute, wollte das nicht – auch das sicher o. k. und verständlich). Allerdings half mir (noch) viel mehr als die Therapie die Frage eines Bekannten, eher zufällig, „Wär dir eigentlich lieber du wärst nicht so traurig?“. Das war als die Therapie auch gerade ausgelaufen wäre. Und nach dieser Frage konnte, wollte ich dann auch gut auf sie verzichten. Durch die Frage wurde mir nämlich bewusst, was ich schon davor in mir spürte - dass ich eigentlich zu großen Teilen 2 Jahre (therapeutisch) versucht hatte, dass die Traurigkeit aufhörte ... Mit dann aber meiner Erkenntnis, dass ich ja aber gerade auch so traurig war weil die *Liebe* zu meinen Eltern einfach so wahnsinnig groß war, was mir nach deren Tod noch bewusster wurde. Und dementsprechend groß dann eben auch der Schmerz über deren Verlust- und mir letztlich eigentlich gar nicht lieber gewesen wäre, wenn ich nicht so traurig gewesen wäre (denn dann wäre es auch keine so gute Beziehung, große Liebe gewesen). So wurde mir auch bewusst: Ich wollte nicht mehr daran arbeiten, dass die Traurigkeit aufhört! Denn das war keine Depressivität oder dergleichen, auch wenn einen ein so trauriger Verlust natürlich auch nicht gerade fröhlich macht – es war, s.oben, Ausdruck von etwas *Guten*! Gute Beziehung, große Gefühle, sehr große Liebe ...

Natürlich kann, sollte man, ggf. auch therapeutisch bzw. auch (ärztlich begleitet!) medikamentös, daran arbeiten, dass der Schmerz- auch wenn auch der letztlich „nur“ Ausdruck von Liebe ist- etwas besser – oder überhaupt, zumindest einigermaßen - zu ertragen, verkraften ist. Sonst kann das wirklich auch für stärkste Menschen wirklich *unerträglich* werden. Auch wenn der Schmerz extrem brutal ist. Aber Leiden schafft auch, *leiden*-schaftlich heißt es ja auch ... Der portugiesische Fado, argentinische Tango sind beispielsweise künstlerische Formen, wie man durch Trauer sogar Lebensfreude gewinnen kann... Portugiesen gelten ja z. B. auch grundsätzlich als sehr temperamentvolle, leidenschaftliche Menschen.

Trauer ist auch etwas Edles, Schönes, Herzliches. Liebe. Anrührend. Menschlich – groß. Wenn z. B. ein Mensch nach dem Tod des Partners keinen anderen mehr möchte, da die Liebe zum Verstorbenen einfach zu groß, einzigartig, erfüllend war ... Mein Vater wollte nach dem Tod meiner Mutter auch einfach nicht mehr leben. Er hoffte auch, dass er sie im Himmel wieder sieht. Was gäbe ich dafür, wenn ich ihm diesen Wunsch mit erfüllen könnte. Leider kann ich nur hoffen.

Er war auch schon lange schwerstkrank, hatte sich nur noch für die Pflege meiner ebenso kranken Mutter am Leben erhalten. Unglaublich liebevoll, selbstlos... Wie auch schon zuvor in seinem Leben, ebenso wie meine Mutter... Nach deren Tod wollte er aber nicht mehr. Es brach seinen Angehörigen, uns, wirklich nahezu das Herz, extrem schmerzvoll. Aber wir mussten das verstehen, er hätte sonst auch wirklich körperlich furchtbar leiden müssen durch seine Krankheit. Auch wenn unsere egoistischen Wünsche, dass wir ihn behalten, auch letztlich Zeichen unserer großen Liebe zu ihm waren und natürlich nichts Negatives ... Wir mussten ihm gönnen zu gehen. So wahnsinnig schwer das auch fiel. Und kein Studium der Psychologie, therapeutische Fortbildung, Therapie half darüber ganz hinweg oder könnte das. Und, wie gesagt, das ist auch gar nicht mehr mein Ziel. Es tut so unglaublich weh, dass er nicht mehr körperlich unter uns ist, ebenso bei meiner Mutter. Immer wieder einmal, nicht nur zu Geburtstagen und dergleichen (von ihnen, mir, meinem Sohn – der diese so unglaublich guten und liebevollen Großeltern nie sehen durfte). Und das wird sicher auch nicht nur besser mit der Zeit, teilweise sogar schlimmer. Wenn mein Sohn z. B. auch einmal Vater wird, dann ich diese Kinder auch gerne meinen Eltern gezeigt hätte usw. So sehr auch („durchlebtes“) Leiden Positives schaffen kann, s. oben, so sehr kann es trotzdem ja auch immer wieder leidvoll, schmerzvoll sein - und man sich auch um das zu durchstehen bei Bedarf o. g. Hilfen suchen, gönnen sollte! Sonst kann einen das wirklich „suizidal“ machen oder sonst vernichten (was ja sicher auch nicht im Sinn der Gegangenen wäre, man könnte denen so auch nicht weiter gedenken, sie also „weiter leben“ lassen, siehe oben ...).

Menschen, die etwas noch nicht mitgemacht haben können etwas oft ja wirklich auch einfach nicht (ganz) verstehen. Gerade auch warum man z. B. „so lange“ trauert. Vielleicht ja auch „nur“ um einen Hund (der aber leider für viele

Menschen heute der beste Freund ist bzw. sein muss). Oder eben auch um für einen wichtige Menschen. Das wurde auch von vielen Betroffenen beispielsweise berichtet in der ARD- Dokumentation „Wenn Kinder vor den Eltern sterben“ (gesendet u. a. im MDR am 06. 11. 2011). Wo die Eltern – wie auch oft andere Trauernde - einfach kein richtiges Verständnis fanden von anderen Menschen, auch vielen Therapeuten nicht (obwohl der Verlust eigener Kinder auch gesellschaftlich ja sogar noch ziemlich, besonders anerkannt ist als etwas sehr, besonders Belastendes. Bei „nicht so schlimmen“ (?) Verlusten bekommt man also oft noch weniger Verständnis). Sondern erst bei Menschen mit auch ähnlichen Erfahrungen. Da das wirklich sehr aussagekräftig ist und wissenswert, hilfreich sein kann ausführlicher aus dem ARD-Text dazu (Auszug):
„Vor zehn Jahren hat Gabriele (61) ihren einzigen damals 24-jährigen Sohn Florian durch plötzlichen Herztod verloren. Seitdem fühlt sie sich wie in einer Trauerendlosschleife, sagt sie - einsam, geschlechtslos, wie in einem Eisblock gefangen.
Dumpf vergingen die Tage. Mechanisch erfüllte Gabriele die Formalitäten des Alltags. Im Internet richtete sie einen Florian- Trauer- Blog ein. Darin kommuniziert sie mit anderen Eltern, die ihr einziges Kind verloren haben. Am Anfang erfuhr sie viel Unterstützung von ihren Arbeitskollegen. Aber nach drei Jahren war es mit dem Verständnis vorbei. Noch immer verschlossen und unkonzentriert war Gabriele in ihrer Trauer versunken. Sie hielt den Druck, Trauern müsse auch einmal zu Ende gehen,

nicht aus. Sie wurde frühverrentet, meidet Feste, gesellige Zusammenkünfte. Sie sagt, sie brauche die ständige Trauer um ihren Sohn, dadurch sei sie ihm nahe".

Es folgen ähnliche Beispiele – auch dafür, dass letztlich fast immer nur bzw. am meisten half einen ganz neuen Freundeskreis zu finden, andere Betroffene. Mit denen kann man auch wieder lachen, ohne ein schlechtes Gewissen zu fühlen.

Hier können einen Nicht- Betroffene teilweise wohl einfach nicht ganz verstehen, mitfühlen. Wissen auch oft nicht wie sie helfen, was sagen sollen (das ist ja selbst für Betroffene schwer zu wissen). Da muss man sich wohl wirklich auch, zumindest ergänzend, einen entsprechenden Freundes- und Bekanntenkreis suchen- damit man sich wohler und besser verstanden fühlt (und nicht zu sehr sich anpassen bzw. verbiegen, „funktionieren" – das kann fatale Folgen haben auf Dauer, erst wirklich krank und depressiv, suizid-gefährdet machen - in einem falschen bzw. nicht ausreichenden Freundes- und Bekanntenkreis, ggf. auch noch in einer Therapie mit dem Ziel sich hier zu sehr anzupassen bzw. um Verständnis fast schon zu „betteln". Verständnis das aber oft doch nur Menschen haben können, die Ähnliches erlebt haben. Bzw. die auch sehr gefühlvoll sind. Zumal man ja kein Bettler ist, sondern Träger sehr erhabener, *wertvoller* Gefühle der Trauer bzw. Liebe). Das weiß ich nicht nur aus eigener Erfahrung, sondern auch aus Berichten, auch schriftlich, auch aus Trauer- Foren, unzähliger anderer Betroffener.

Nicht- Verständnis, Meinungen anderer Mitmenschen, Mitbürger können aber fatal sein. Der Verlust, Schmerz selbst, so unmenschlich brutal er eigentlich ist – man kann ihn, zumindest mit (ggf. auch professioneller und evtl. zeitweise auch medikamentöser) Unterstützung überleben. Und wie beschrieben dann auch mit der Zeit weiter mit selbst Verstorbenen weiter verbunden bleiben.
In den Suizid oder sonstigen (schleichenden) Tod bzw. extremes Leiden, extreme Probleme führen kann aber wenn Trauern – obwohl ja das Recht bzw. Bedürfnis zu trauern bzw. lieben natürlich eines der elementarsten, wichtigsten, menschlichsten ist - nicht erlaubt, zugelassen wird, faktisch verboten wird, zumindest nach einiger Zeit: „Das darf nicht sein“ (oder zu einfach oder schnell „Leben muss weiter gehen“, was unterm Strich ja Ähnliches verlangt) in zig Varianten. Das ist oft ein Riesen-Problem. Z. B. „kann, darf doch nicht sein“ nach „zig Jahren“ traurig zu sein nach einem Verlust, Trennung... Doch! Das darf sein, *natürlich. Warum denn nicht*? In anderen Kulturen werden teilweise in Klage-Liedern noch Menschen, Ahnen besungen, betrauert, damit auch geehrt die schon vor *Jahrhunderten* verstarben. Es gibt weltweit auch unzählige Denkmäler für (vermeintlich) „große Männer“ der Weltgeschichte, teilweise auch schon aus längst vergangenen Zeiten, oder prunkvolle Bilder, Ahnentafeln von Königen aus früheren Jahrhunderten in Schlössern - die zumindest nicht bessere Menschen waren als viele „Normalsterbliche“. Warum sollte das für „einfache“ aber oft viel ehrenwertere Menschen so schnell vergänglich sein? Und gerade weil

man nicht einfach auch noch nach Jahren Trauer um Verlust eines wichtigen Menschen – aus Liebe und Wertschätzung! – respektiert, zumindest akzeptiert kommt es dann ja zu „überzogener“ Trauer (weil man sich gegen das Verbot wehrt, völlig zu Recht!). Auch wenn es „überzogen“ kaum gibt. Nichts ist (und darf sein!) individueller als Trauer, fast egal um was. Auch „nur“ bei Liebeskummer, „nur“ z. B. um ein Tier, das (leider) für viele Menschen der beste Freund ist oder irgendetwas, das man verloren hat (auch z. B. eine Arbeit, eine Sache usw.). Nicht genug um etwas trauern dürfen führt auch extrem oft zu z. B. Burn-out, zumal kaum etwas mehr helfen und heilen kann gegen „Ausbrennen“ als (ggf. auch etwas „löschende“) Trauer, heilende Tränen oder was und wie immer man möchte. Aber selbst solche Wertschätzung wird heute oft nicht einmal erlaubt wie vieles andere auch, was nicht „sein darf“. Warum nicht? *Wer bestimmt das, hat das Recht dazu*? Letztlich über Trauer, darin gezeigter Liebe zu richten – entgegen auch „es ist wie es ist, sagt die Liebe“ (E. Fromm)? Und *es ist wie es ist sagt ja (also) auch die Trauer ...*

Auch ganz natürlich. Eigentlich. Aber was daraus gemacht wird ... Da setzt sich nicht nur Diskriminierung sogar noch über den Tod hinaus weg fort. Wenn heute z. B. immer noch viele Homosexuelle nicht wirklich überall Verständnis finden bei Liebeskummer oder sogar Tod des Partners (mehr dazu und dergleichen findet man, wenn man im Internet z. B. unter dem Begriff „Recht auf Trauer“ sucht). Aber auch ansonsten gesellschaftlich als „normal“ anerkannte, akzeptierte z. B. heterosexuelle (auch

wenn Homosexualität natürlich nicht krank oder dergleichen ist) Menschen dürfen kaum, eigentlich ja völlig normal, (ausreichend, auch länger) trauern. Sondern werden dabei –zumindest nahezu – auch diskriminiert, zumindest fast schon als krank, „behindert" gesehen bzw. behandelt. Aber man „ist" ja auch grundsätzlich als „Behinderter" nicht behindert – sondern man wird es (gemacht) – behindert durch zu wenig Anerkennung bzw. Unterstützung in der Gesellschaft. Und das gilt für sehr viele Trauernde auch. Die auch eigentlich völlig normal, gesund sind und gesund bzw. sogar sehr schön, gefühlvoll, herzlich trauern – aber dabei gehindert bzw. behindert werden! Vielleicht auch in ihrer Eigenart, besonderen Art des Trauerns. Die muss ja aber nicht „sonderbar" (schlimm, schlecht) sein – sondern kann ja sogar *besonders schön*, *wunderbar, wundervoll sein*!
Das Geschäft mit Trauer, deren (Menschen bzw. Menschlichkeit verachtende) Verkommerzialisierung, was daraus und damit gemacht wird, ist aber auch wirklich traurig, *negativ sonderbar, widerlich*. Und in der Tat alles andere als sozial, sogar eines mit den aller- höchsten Profit-Raten in Deutschland! Der Umgang damit, selbst noch den Toten, selbst dort fortgesetzter Unmenschlichkeit und sozialer Ungerechtigkeiten zeigt wohl mit am erschreckendsten das sehr unmenschliche Antlitz vieler Verhältnisse in Deutschland. Armengräber für die einen, oft sehr ehrenwerten „einfachen" Menschen, Prunkgräber für die anderen (reicheren aber oft auch menschlich weniger ehrenwerten) ... Als mein Vater verstarb hatten wir beispielsweise Tage – lang keinen Moment Ruhe, weil wir

ständig bürokratische Sachen zu erledigen hatten, auch irgendwelche materiellen Dinge zu regeln die uns eigentlich völlig egal waren... Das macht wirklich auch wütend, ist Würde-und respektlos.
Und Erbrechtliches war uns z. B. gar nicht wichtig, wir wollten „nur" das Recht einfach zu trauern (wie es in anderen Kulturen auch Wochen lang mit Unterstützung vieler Menschen möglich ist, auch in einigen so genannten „Entwicklungsländern"... Die zumindest in der Frage aber wohl viel entwickelter sind, wie auch sonst in vielen „menschlichen" Aspekten...Und dann auch weniger Therapeuten brauchen). In Deutschland kommt man aber oft viele Jahre lang nie richtig zum Trauern! Bekäme man diese Zeit, auch nur wenigstens ein paar Wochen, würde das vielleicht ja oft auch reichen. Kommt man aber nie wirklich dazu streckt sich das dann über (viele) Jahre, bekommt man dann natürlich auch Probleme- auch im Beruf, Alltag bzw. dessen Bewältigung und in Beziehungen, der Familie usw. Aber nur weil man nicht einfach wirklich einmal etwas Zeit bzw. die „Erlaubnis" bekommt ... Für einfach nur seine, auch spezielle Form davon, Trauer, Liebe – eigentlich sehr Positives also.

Und warum soll es auch so merkwürdig sein, wenn z. B. Menschen Verstorbenen nahezu (Gedenk-) „Altäre" bauen, ganz viel Erinnerungsstücke behalten, Grabsteine sorgfältigst pflegen, bepflanzen usw. Natürlich muss man das nicht – jeder nach seiner Facon, gerade auch bei Trauer. Nur wer das möchte – warum nicht? Es gibt heute ja viele sehr widerliche Formen von (angeblichen) „Liebessachen", die nicht verboten sind (z. B. Menschen verachtende üble Pornos). Aber für solche ganz natürlichen, positiven, schönen Sachen, Liebesbekundungen in Verbindung mit Trauer – auch wenn natürlich auch hier Geschmäcker verschieden sein können – soll man sich rechtfertigen müssen? In welchen Zeiten leben wir nur ...

Und es heißt ja auch nicht, dass man die Menschen so sehr mit Materiellem verbindet, mit Dingen. Natürlich ist das Wichtigste die Menschen *im Herzen* zu behalten, in Gedanken, Gedenken, Erinnerung. Theoretisch bedürfte es dazu keiner materiellen, äußeren „Andenken". Aber wenn Menschen Fotos z. B. im Urlaub machen zur Erinnerung ist das doch auch kein Problem, oder? Oder Andenken zuhause häufen etwa vom „Ballermann" und dergleichen - soll das eher „normal" sein wie solche von geliebten Menschen? Und warum tun das denn viele Menschen? Vielleicht ja unter anderem auch, weil die „einfachen" – aber meistens zumindest nicht schlechteren – Menschen einfach nicht genug wertgeschätzt werden, auch nach ihrem Tod nicht (s. oben). Menschen, die ihre „Untertanen" oft gar nicht so gut behandelt haben bekamen aber in Deutschland riesige Denkmäler, die bis heute stehen. Teilweise Jahrhunderte. Aber für „Normalbürger" und richtig gute Menschen? Fast nie, nichts! Meine Eltern waren auch extrem selbstlose Menschen, trotz sehr viel Üblem was ihnen angetan wurde z. B. im und durch den Krieg, durch Betrug usw. Nach ihrem Tod war ich auch extrem wütend, als ich in den

Medien von unzähligen, wirklich objektiv betrachtet, nicht sehr bedeutenden Ereignissen und Menschen erfuhr – aber nicht sehen, lesen, hören konnte, dass die Welt um so wunderbare, wertvolle Menschen ärmer wurde. Nichts. Irgendeine Dummheit von „Promis“ auch auf Seite 1 der Zeitung, fast halbseitig - über den Tod tausender verunglückter Menschen in einem Land der „Dritten Welt“ (was für ein Begriff) aber nur 2 kl. Zeilen ... Wenn überhaupt. Ich war da wirklich drauf und dran in eine Zeitungs- oder TV-Redaktion zu gehen und irgendwie zu erreichen, dass auch darüber und über meine Eltern berichtet wird ... (zumal es damals das Internet noch nicht wirklich gab, mit nun damit ja auch vielen Möglichkeiten Menschen „weiterleben“ zu lassen, sie fortwährend zu würdigen, auch z. B. auf Trauer-Seiten, Blogs und dergleichen).

Es gibt ja auch keine Menschen „ 2. Klasse“ (oder gar dritter, dritter Welt – wir haben und teilen ja nur eine ...). Und auch nicht (nur) die vermeintlich „großen“ Männer schreiben bzw. machen ja Geschichte. Wie es auch z. B. Bert Brecht in seinen berühmten „Fragen eines lesenden Arbeiters“ beschrieb (Auszug):

(...) Wer baute das siebentorige Theben
In den Büchern stehen die Namen von Königen.
Haben die Könige die Felsbrocken herbeigeschleppt?
(...) Der junge Alexander eroberte Indien.
Er allein?
Cäsar schlug die Gallier.

Hatte er nicht wenigstens einen Koch bei sich? Philipp von Spanien weinte, als seine Flotte untergegangen war. Weinte sonst niemand? (...)
Und für wie viele wirklich schlechte Menschen, nur angeblich „große" Männer, wurde schon tagelange Staatstrauer gehalten in vielen Ländern. Auf Kosten der Bürger dort. Und für eigentlich viel bessere auch nur angeblich „kleine Leute" gibt es nicht einmal eine Zeile in den Medien – bzw. wenn nur gegen Bezahlung, was viele Menschen sich auch nicht leisten können ... Das macht natürlich auch wütend, traurig. Auch längere Zeit (und auch immer wieder, wenn man z. B. immer wieder von Ehrungen eigentlich gar nicht so guter Menschen hört, liest, das sieht ... Während seine Liebsten, gute Menschen vielleicht öffentlich zunehmend in Vergessenheit geraten. Dass einen das stört ist doch völlig normal ... Und das zeigt auch, dass Zeit alleine nicht immer alles heilt, besser macht. Vieles wird mit der Zeit ja auch zumindest nicht einfacher bzw. noch schwerer manchmal – und bedarf mit der Zeit dann manchmal eben auch sogar noch mehr bzw. wieder mehr Unterstützung, evtl. auch fachmännisch).

Wenn Abschied so einfach wäre, auch z. B. bei partnerschaftlicher Trennung oder auch von alten, immerhin ja doch vertrauten, teilweise vielleicht ja sogar lieb gewonnenen Gewohnheiten – warum gibt es dann unzählige, Millionen Lieder, Prosa etc. dazu, zu „Time to say good bye"? Das, auch Trauer, ist ja sicher sehr schwer ... Wovon ja auch z. B. Goethe, Schiller und dergleichen zu berichten

wussten. Auch, z. B. Goethe, aus eigener Erfahrung. Die größten Dichter und Denker, Philosophen, ... Und auch die ohne, zumindest einfache, schnelle, Lösungen. Selbst z. B. Faust oder Hamlet, in den mit bedeutendsten Werken der Weltliteratur, hatten die ja nicht- zeigten viel mehr eher die Schwere mit solchen existenziellen Fragen umzugehen ... Wenn z. B. auch ein einzigartiger, ganz besonderer Mensch gegangen oder irgendwie nicht (mehr) erreichbar ist, Umstände Liebe verhindern (wie auch z. B. in „Romeo und Julia“, „Faust“ oder „Die Leiden des jungen Werther“ beschrieben) - für den oder die galt „nothing compares to you“ – dann gibt es ja auch keinen „gleichwertigen“ Ersatz dafür, dann fehlt einfach wirklich etwas, ganz viel- zumindest subjektiv aber auch zumindest teilweise objektiv: Ganz speziell, einzigartig, zumindest teilweise unersetzbar. Wenn man vielleicht auch die „Liebe, das Glück seines Lebens“ fand, wovon wir ja wohl auch alle träumen- von „real love“. Wie hart ist dann aber die, dieses zu verlieren ... Eigentlich unmenschlich hart.
Und oft kann man dann ja auch kaum trösten, viel sagen (und ist mitfühlendes Schweigen oft wohl auch besser), denn in der Tat: „Wo man am meisten fühlt,weiß man nicht viel zu sagen“ (A. von Droste-Hülshoff). Als Betroffener wie auch Anteilnehmender ... Deshalb dauert aber manchmal auch sehr lange, bis man (wieder) darüber reden – und es auch dann etwas „verarbeiten“ – kann.

Und ja, ich weiß aus meiner beraterischen Praxis auch, dass „eine neue Liebe wie ein neues Leben“ sein kann. Auch nach dem Tod eines früheren Partners. Und dass auch der frühere trotzdem, parallel im Herzen, weiterleben kann, auch geliebt. Aber das kann – vielleicht auch will – man natürlich auch einige Zeit nach dem Verlust nicht glauben, sich vorstellen. Das braucht ja auch meistens seine Zeit. Natürlich auch bei anderen Verlusten- natürlich auch z. B. von Kindern, Eltern etc. Und die Zeit, sei sie auch wirklich eine „mächtige Meisterin" (P. Corneille) alleine heilt auch doch nicht alle Wunden! Zumindest nicht unversorgt ...

Aber oft werden übertriebene Formen z. B. von Trauer bzw. Liebe (oder auch Angst, Eifersucht, „Harmoniesucht") eben auch schnell beendet wenn man einfach akzeptiert, dass dies grundsätzlich kein schlechtes Zeichen ist – im Gegenteil, s. oben. Ursache davon ist ja i. d. R. sogar Gutes – Liebe, Menschlichkeit,... Glücklicherweise wehren sich Menschen (zumindest einige Stimmen in ihnen, manchmal sogar wirklich hörbar), wenn ihnen das „wegtherapiert" werden soll. Mit dann tatsächlich evtl. auch (etwas) überzogenen Auswüchsen, die aber eben oft nur eine Reaktion darauf sind. Das ist dann auch kein Widerstand, z. B. im psychoanalytischen Sinn- gegen Einsicht darin, dass man Falsches, „Krankes" macht... Sondern ganz gesunder, berechtigter *Humanismus*! Und Widerstand dagegen, sich den schlecht machen zu lassen. Der sagt „Was ist denn eigentlich schlecht, verkehrt daran, wenn ich Angst habe jemanden oder etwas zu verlieren, was mir viel bedeutet?". Bzw. wenn einen der Gedanke daran – bzw. wenn es schon passiert ist- traurig macht? Das auch wehtut?

Richtig: Normalerweise natürlich *gar nichts*! „Verkehrt" bzw. ver-rückt (auch ver-rückt, verdreht wie es eigentlich sein sollte) ist nur die Beschneidung davon, mehr oder weniger offene Verbote zu trauern (= zu lieben)! Und mit der „Erlaubnis", dass man also natürlich Angst, Eifersucht, Sorgen, Bedürfnis nach Harmonie und Trauer, Liebe haben kann als eigentlich völlig verständliche, positive universelle, humanistische, menschliche Bedürfnisse bzw. Reaktionen ist dann auch nicht mehr nötig auf dem Recht dazu zu beharren diese haben zu dürfen– mit evtl. auch Auswüchsen, zugespitzten, ggf. auch psychosomatisch.

Angehörige, Freunde, Partner haben dann, verständlicherweise, Angst wenn sie hören, dass Betroffene einfach einmal etwas Trauer- Zeit brauchen. Wenn diese oft schon Jahre lang traurig, ggf. wirklich auch (sehr) depressiv waren. Mit natürlich dann auch unschönen Folgen. Aber es geht ja nicht um weitere Jahre Trauer ... Sondern endlich einmal nur etwas, *faktisch*, Zeit – z. B. einige Wochen – bzw. auf Dauer die Erlaubnis wirklich (auch immer wieder einmal) traurig sein zu dürfen. Wir müssen auch nicht immer stark, gut drauf, ... sein! Wir sind (nur – oder zum Glück) Menschen- keine Götter oder Supermänner, unverwundbar. Haben Gefühle, die natürlich auch verletzbar sind, gerade auch große Gefühle. Mit dieser, endlich, Erlaubnis und evtl. auch endlich einmal „Auszeit" zum Trauern, bei Bedarf therapeutisch (und ggf. auch etwas ärztlich, evtl. auch dabei medikamentös) unterstützt sind dann meistens auch recht schnell Änderungen möglich.

Zumal wenn man Menschen endlich einmal trauern lässt wie sie es möchten, brauchen, ganz speziell und individuell – und eben auch nicht nach irgendeinem Dogma, „Programm“ (auch noch scheinbar für alle Menschen gleich „passend“) wie eben z. B. für einen gefühllosen Roboter ... Zumal ja doch angeblich im „Krieg und der Liebe alles erlaubt“ sein soll. Bei Trauer dann aber auf einmal nicht mehr, selbst über geliebte – und ja vielleicht sogar im Krieg getötete – Menschen nicht mehr? Warum? Zumal ja auch nur Liebe wirklich alle Grenzen überschreiten kann ...

Liebe kennt keine Grenzen

Fortführung der Liebe auf neuer Ebene, grenzenlos

Dies ist, zumindest teilweise, möglich. Auf anderer, z. B. transzendentaler, Ebene. Auch für nicht religiöse Menschen. Was fast immer, wenn auch nicht 100% ig, möglich ist. Selbst beim „finalsten" Abschied – einem Todesfall. Auch hier gibt es sicher Unzähliges, das sehr schmerzvoll unwiederbringlich nicht mehr geht. Sich zu Umarmen etwa. Ich weiß, auch aus eigener sehr schmerzlichsten Erfahrung ... Da gibt es auch nichts schönzureden!

Es bleibt aber ein, vielleicht schwacher aber doch immerhin, Trost – selbst wenn man nicht an einen Himmel oder was auch immer, wo man sich wieder sieht, glaubt. Etwa wie es Irmgard Erath beschreibt in „Grenze des Lebens aber nicht der Liebe. Tröstende Gedanken für Trauernde" – auch sonst ein guter Tipp für weitere zumindest etwas tröstende Worte. Z. B. wenn sie dort (auf Seite 41) schön und lyrisch beschreibt wie Liebe sich auch nach dem Tod noch fortsetzen kann in gewandelter Form, nun unendlich – auch zart „und doch stark". Still aber noch voller Lebendigkeit, „fern, aber in jedem Augenblick gegenwärtig" und: „Nun ist sie daheim in der Geborgenheit des Herzens, im Schutze der Erinnerungen: Unantastbar, unbesiegbar, unverlierbar" .

Trauer ist so dann auch eine Form der Liebe und auch Dankbarkeit, also auch Wertschätzung... (vgl. auch dazu Erath, S. 37).

Und Liebe – und somit auch Trauer - kann auch nicht wirklich verboten oder unterdrückt werden, denn zumindest im Herzen ist sie wirklich unbesiegbar und unverlierbar. Selbst Terror-Regimes konnten diese ja nicht wirklich besiegen. Zwischen Menschen oder auch z. B. die Liebe zu seinem Land, wenn man daraus vertrieben bzw. dort unterdrückt wurde – wie es z. B. „Midnight oil“ in „dead heart“ besingen („we carry in our hearts the true country and that cannot be stolen“). Am Beispiel der Indianer (und auch wenn Sieger die Geschichte schreiben – die Toten, z. B. Indianer, können natürlich trotzdem in den Herzen ihrer Familie, Lieben weiterleben (und auch in Sagen, Liedern, Geschichten usw. - wie eben auch z. B. bei Indianern). Bzw. wie es Pablo Neruda in einem Gedicht beschrieb, an Menschen unterdrückende andere Menschen, Systeme gerichtet: „Sie können alle Blumen abschneiden. Aber nie werden sie den Frühling beherrschen“. *Und eben auch nicht menschliche Liebe, Trauer, Würde.*

Es gibt wohl auch wirklich kaum etwas Würde volleres und zumindest teilweise Hilfreicheres als echte Tränen, damit oder anders aufrichtig trauernde Menschen. Für die auch, wie z. B. die britische Sängerin Adele in „someone like you“ besingt, aber auch schöne Erinnerungen eben „bittersüße“ sein können - und schöne Erinnerungen gefühlt wie welche „von gestern“ sind, manchmal auch noch einige

oder viele Jahre danach. Zumal ja auch ansonsten im Alltag die Zeit so verfliegt, im Nachhinein, wie sie auch singt („you know how the time flies“).
Und natürlich tut auch weh, schmerzt, wenn man die zuvor gefühlte (auch von ihr besungene) Liebe bzw. „Zeit des Lebens“ gefunden hat, die Zeit bzw. den Augenblick im Faustschen Sinn, der nie vergehen sollte, weil so schön ... Die, der für immer bleiben sollte ... Wenn das vergeht, vergangen, immerhin - aber auch nur - noch Vergangenheit ist: Wenn man dann nicht traurig wäre, das nicht auch schmerzen würde – wäre das dann „normal“, menschlich? Doch sicher nicht ...

Was zweifellos eben alles auch nicht nur schön ist. Auch wenn gerade für sich Liebende – nicht nur Partner - auch gelten mag, selbst beim endgültigen (zumindest weltlichen) Abschied, was Peter Maffay in seinem schönen Lied „So bist du“ besingt: „(...) Und wenn ich sterb, dann stirbt nur ein Teil von mir und stirbst Du, bleibt Deine Liebe hier“. Trotzdem stirbt aber auch etwas, zumindest ein wichtiger Teil.
Und ja, Verstorbene leben ja auch oft etwas in anderen Menschen weiter, z. B. in Verwandten, durch denen auch „deren Blut fließt“. Und, oder, zumindest in Erinnerungen – zumindest der Trauernden- denn wirklich, in der Tat, nochmals: „Wer im Gedächtnis seiner Lieben lebt ist ja nicht tot, er ist nur fern. Tot ist nur wer vergessen wird“. Auch wenn, ich weiß, auch diese Ferne so unmenschlich brutal schmerzvoll sein kann ...

Etwas, auch sinngemäß, ein Lied davon singen konnte wohl auch eben z. B. Adele. Wenn auch über einen noch Lebenden. Der sie aber auch verlassen hat. Sehr authentisch wirkend – auch wenn ich sie sonst nicht kenne und einschätzen kann (aber vor einem Massen- Publikum darüber zu sprechen bzw. singen, wie man verlassen wurde ist ja doch schon eine wirklich respektable, starke Leistung). Zu sehen bei ihrem live Auftritt mit „someone like you" bei den „Brit Awards" 2011 (auch kostenlos im Internet anzuschauen). Das sollten sich wohl auch einige Therapeuten einmal zu Gemüte führen- die meinen, dass man psychotherapeutisch redend alleine helfen könnte bei solchen Themen. Sie singt bzw. schreit sich hier auch den Schmerz, „the blue" wie es im Lied heißt, nötiger weise von der Seele... Der „uninvited" („ungeladen", „ungebeten") kommt... Herzergreifend auch, dass sie nur eine Bitte („ I beg") hat: „don `t forget me". Das brauche ich denke ich nicht übersetzen. Und auch Gegangene, auch Verstorbene, wollen ja sicher auch nicht so schnell vergessen werden ... Doch auch etwas länger betrauert werden ...
Und das Beispiel zeigt auch, dass leider nicht jeder Wunsch, Traum in Erfüllung gehen kann (auch wenn es, frei nach D. Bonhoeffer, in der Tat auch „ein erfülltes Leben trotz vieler unerfüllter Wünsche geben kann"). Das zu leugnen oder schönzureden wäre außer natürlich unrealistisch auch einfach nicht hilfreich. Zumal man Vieles auch nicht wissen kann, gerade natürlich auch bei Trauer- Themen. Gibt es z. B. ein „Leben danach?" . Können die Verstorbenen noch – das wäre ja so schön, bedeutsam - sehen, wie es sich

sinngemäß auch Adele in ihrem Lied auch wünscht, dass es für Hinterbliebene bzw. Verlassene „noch nicht vorbei ist“ (man noch traurig ist, sie vermisst. Also weiter liebt, schätzt)? Und wussten z. B. Verstorbene, wie sehr man sie geliebt, geschätzt hat? Oder hat man das denen vielleicht auch zu selten gesagt, gezeigt? Zumindest sollte man das noch Lebenden wohl sicherheitshalber noch oft genug, sicherheitshalber lieber öfters als zu selten tun ...
Zumal man selbst oder Nahestehende ja auch in jungen Jahren einmal einen Unfall oder dergleichen haben können: „Das Wertvollste, was der Mensch besitzt ist das Leben.
Es wird ihm nur einmal gegeben, und er muss es so nützen damit ihm später sinnlos vertane Jahre nicht qualvoll reuen. Und er muss sich beeilen zu leben. Denn eine dumme Krankheit oder irgendein tragischer Unfall kann dem Leben jäh ein Ende setzen“ (Ostrowski).

Nicht „nur“ dem eigenen. Und wenn man dann sogar am Grab eines Nahestehenden steht und nicht einmal weiß, ob die Liebe, Wertschätzung deutlich genug ausgesprochen wurde und ankam ist das, äußerst gelinde gesagt, ein total unschönes Gefühl. Ich weiß.
Zumal das, das Leben ja wirklich so kostbar ist- auch jeder Tag davon, ab sofort und immer! Sonst könnte es auch auf einmal, z. B. eben durch einen Unfall, unerwartete Krankheit usw. – was viel öfters passiert als man gemeinhin so denkt - immer auch zu spät sein. Deshalb sollte man eben auch jeden Tag mit seinen Lieben optimal nutzen.

Auch deshalb gilt wohl wirklich (was in einem Büchlein mit den liebsten Weisheiten meiner Mutter stand): „Ein bisschen mehr Friede und weniger Streit, etwas mehr Güte und weniger Neid, auch viel mehr Wahrheit immerdar. Und Hilfe bei Gefahr.. Ein bisschen mehr "Wir" und weniger „ich" ein bisschen mehr Kraft nicht so zimperlich Und viel mehr Blumen während des Lebens- denn auf den Gräbern sind sie vergebens ... (P. Rossegger)

Auch wenn sie dort ja auch doch nicht ganz vergebens sind- bzw. auch noch positive Gedanken, Gefühle nicht – im „2. Leben", das (s . oben) Menschen haben, in der Erinnerung ihrer Lieben ... Auch für mich ist zudem z. B. natürlich am Wichtigsten in meinem Leben, dass ich hoffentlich meinem so unendlich geliebten Sohn etwas Positives „mitgeben" konnte für sein Leben, seinen weiteren Weg ... Auch „all my loving", all meine Liebe ... Die man ja auch in sich spüren kann- auch wenn der oder die, die diese gaben nicht mehr (körperlich) da sind. Wie ich z. B. auch die Liebe meiner Eltern in mir, ihr Liebevolles ...
Und man sollte eben auch wirklich sein Leben leben, was sicher auch verstorbene Nahestehende gewollt hätten. So wie z. B. auch J. Bon Jovi es besingt – wiederum frei übersetzt - in „it `s my life" (Auszug):
„(...) Das ist mein Leben - jetzt oder nie!
Ich werde nicht für immer leben
ich will einfach leben, solange ich noch am Leben bin
Mein Herz ist wie eine offene Straße. Wie Frankie (Sinatra) sagte: Ich machte es auf meine Art und Weise(...)".

Und ja, das Leben, dessen Rest und die Zukunft beginnt heute ... Ihre, meine, unsere (auch mit all unseren Liebsten). Wo man wirklich jeden Tag nutzen sollte, als ob es der letzte wäre (da er es ja in der Tat auch immer sein könnte). Und auch auf „auf seine Art und Weise“ – leben, sich freuen, trauern, ...

Und zum Leben gehört wirklich auch „Freud und Leid“. Oft auch als Kehrseite einer Medaille. Je größer die Liebe (war) umso größer kann natürlich auch Trauer, Abschieds-, Verlust- Schmerz sein. „Sometimes it hurts“ heißt es auch bei Adele. Dieser Schmerz bzw. Trauer an sich hat ja eigentlich auch eine letztlich sehr Lebens- bzw. Menschen/Beziehungs- bejahende, positive Kraft (man betrauert ja stark den Verlust von Menschen, Beziehungen, Leben – wodurch diese indirekt ja sehr wertgeschätzt werden). Der Schmerz, der auch wie man möchte herausgeschrien werden können sollte, laut oder leise, wie auch immer ... Auch „Ich machte es auf meine Art und Weise ...“ bzw. „my way“ oder „I am what I am“ – ich, der ganz spezielle Mensch. Bzw. die ganz spezielle Trauer, Liebe ... „Es ist wie es ist, sagt die Liebe“ (E. Fromm) – aber auch wirklich die, auch als Pendant dazu, Trauer – die nun auch einfach ist wie sie nun einmal ist (und eben auch sein – und auch länger dauern - darf!).

Auch wenn z. B. Adele – heute auch wieder glücklich neu verliebt und (werdende) Mutter - etwa ein Jahr nach o. g. Trennung darüber etwas „hinweg war“ musste sie noch sehr weinen deshalb (bei einem Konzert in der Londoner Royal Albert Hall). Als sie ihr Album („21“) mit unter anderem o. g. „Someone like you“ ihrem Ex-Partner widmete- all dem Schönen was sie ihm, der Zeit mit ihm zu verdanken habe ... Trotzdem weinte sie ihm, der Zeit nach- eben auch als Zeichen der Wertschätzung, aber eben nach wie vor „bittersweet“ ... Und nicht einfach. Selbst „so lange“ danach ...

Und wie froh wäre ich wirklich die „Macken“, die früher manchmal doch so nervten – ebenso wie natürlich auch meine andere Menschen- meiner verstorbenen Eltern nochmals erleben zu dürfen. Was gäbe ich dafür! Bei Streitigkeiten mit Eltern, Kindern, Partnern usw. sollte man sich so etwas auch immer wieder überlegen. Dann erkennt man auch, dass es wahrlich noch Wichtigeres gibt als Erfolg und Geld. So wie es, frei übersetzt, auch im Lied „dust in the wind“ der Gruppe „Kansas“ heißt: „Alles schwindet und all dein Geld wird keine weitere Minute kaufen können“. Dann erscheint eine „Macke“ bzw. Streitigkeit, die man gerade – mit noch Lebenden - hat, vielleicht auch doch nicht mehr ganz so bedeutend ... Und Anderes auch bedeutender. Auch wenn man das, was man an anderen Menschen hatte, eben ganz oft auch erst realisieren kann, wenn man es, sie nicht mehr (ganz) hat. Auch traurig aber wahr, menschlich – und kein Grund für Selbstvorwürfe! Nochmals: Kein Mensch, nobody is perfect!

Aber wie viele Menschen arbeiten an „richtiger" Form von z. B. Trauer. Obwohl sie es eben auch auf ihre spezielle („my way"), eigentlich schöne Art und Weise schon gut bzw. besonders, einmalig *gut* können. Aber halt vielleicht etwas unorthodox. Na und? Es trauert ja auch ein *individueller* Mensch um einen auch ganz *individuellen* Menschen, was spricht da gegen eine individuelle, persönliche Note, solange man keinem damit schadet? Nichts, absolut nichts. Im Gegenteil! Man gibt ja auch nicht jedem Menschen z. B. den gleichen Grabstein, Trauer-Rede usw., oder? Ganz schlimm ist eben nur, wenn man Menschen vorschreiben will, wie und wann, wie lang man zu trauern hat, weil es so ja „so gut" sei (bzw. sonst schlecht) – auch z. B. in Liebeskummerpraxen und dergleichen mit ach so tollen Tipps. Oder sagt was „nicht sein darf". *Das* schadet! Außer den Praxis- Einnahmen ist damit selten ansonsten etwas gedient oder erreicht, muss manche Trauer wohl auch einfach durchlebt werden, auch um die Ursache davon (Liebe) spüren bzw. soweit möglich verarbeiten zu können, in anderer Form – eben auch der Erinnerung - weiterleben lassen zu können. Wenn überhaupt etwas dabei hilft können das oft doch auch Freunde besser, z. B. mit in den Arm nehmen ... Oder haben Oma oder Opa einen besseren Rat als viele Therapeuten.

Evtl. können die ja aber auch helfen. Manchmal auch nur die (manchmal sind auch Antidepressiva und dergleichen, die es ja auch auf naturheilkundlicher Basis gibt bei nicht ganz so großem Leiden, bzw. Schmerz-Mittel nötig, auch bei stärksten Menschen, wenn der Schmerz – auch körperlich - einfach zu groß ist). Aber bitte auch nicht in Allmachts-Fantasie, dass sie „Weltenschmerz", alle Menschen betreffend und in bedeutendsten Werken der Weltliteratur (Romeo und Julia, Leiden des jungen W., „Gretchen" bei Faust, Hamlet usw.) dargestellt „lösen" könnten.. Bescheidenheit bzw. manchmal Demut sollte ja gerade auch für Therapeuten eine Zier sein ... Aber auch für Bekannte, Verwandte, Kollegen, Nachbarn, Freunde usw. Trauer, nicht zuletzt auch „Liebeskummer" ist nun auch einmal wirklich alles andere als leicht zu ertragen (ebenso wie Vieles andere ja auch). Aber es ist ja auch ein Zeichen von liebe-, gefühlvollen Menschen! Die man ja auch schätzen sollte und nicht das liebe- und gefühlvolle „wegtherapieren"! Zumal ja wohl kein Mensch vergessen werden möchte und schon gerne hätte, dass einem doch auch die eine oder andere Träne nachgeweint wird. Guten, sehr guten Menschen natürlich umso mehr – und auch nicht nur eine Zeit lang sondern, bei Verstorbenen, durchaus ein Leben lang. Zumindest manchmal, ab und zu.

Natürlich kann da auch eine Zeit lang nötig sein Schmerz etwas zu unterdrücken, um überhaupt weiter leben zu können. Nur das kann auf Dauer ja aber keine Lösung sein. Und Trauer, Liebe lässt sich – ja auch zum Glück - zumindest auf Dauer nicht einfach so unterdrücken. Das käme sonst an irgendeiner anderen Stelle, körperlich bzw. psychisch, psychosomatisch, wieder heraus. Zumindest auf Dauer.

Und wenn jemand nicht so sehr trauert muss das ja auch keinesfalls „besser" sein- vielleicht war ja nur der Verlust nicht so groß. Oder ist der Trauernde weniger gefühlvoll. Das macht Trauern ja vielleicht einfacher. Aber ja diese Menschen dann zumindest nicht „besser"!

Aber auch bei Unglück, das eben doch überdauert -z. B. ein schmerzlicher Verlust etwa durch einen Todesfall, wo das Leben eben nicht weitergehen kann, auch nicht sollte, wie bisher- gibt es doch auch sozusagen ein neues Leben. Mit der Zeit geht es aber auch selbst mit Verstorbenen weiter, vielleicht sogar noch tiefer verbunden (s. oben, z. B. das Erath- Gedicht). Auch schön, auch wenn es weiterhin sehr schmerzt. Aber eben der Verstorbene sich ja auch gewünscht hätte, dass man weiter lebt und wieder glücklich wird – was ja der Trauer um Verstorbene nicht widerspricht. Zum Leben gehört ja auch immer Freud und Leid. Und „Sich recht anschauend vorzustellen zu lernen, dass niemand vollkommen glücklich ist, ist vielleicht der nächste Weg, vollkommen glücklich zu werden" (G. C. Lichtenberg).
Leider kann man das Rad der Zeit ja auch wirklich nicht zurückdrehen, gibt es manchmal keinen Weg zurück – wie es eben auch z. B. im gleichnamigen Lied der Gruppe „Wolfsheim" heißt. Auch dort ja mit der Erkenntnis, dass es leider auch endgültige Abschiede gibt von Menschen (und auch Träumen, z. B. mit diesen verbundenen), nicht immer ein Wiedersehen ... Die Verbundenheit mit Menschen kann aber teilweise etwas auf anderer Ebene, z. B. auch im Rahmen einer Trauerbegleitung oder auch in Trauerselbsthilfegruppen, mit (ggf. auch therapeutischen) Ritualen usw. erhalten werden. Auch wenn immer etwas

fehlen kann. Und der Verlust- Schmerz eben das Verlorene auch „würdigt“ ... Und ein echter Dialog oder, auch körperlicher, Kontakt mit Menschen natürlich auch sehr fehlen kann. Auch wenn man z. B. Verstorbene, z. B. Eltern, zu großen Teilen in sich integrieren kann. Auch mit etwas „innerem Dialog“ (was hätte er oder sie mir jetzt wohl geraten, ...).

Jeder Mensch trauert auch, lässt Emotionen heraus (auch Freude oder Wut und dergleichen) auf seine Art und Weise. Still oder leise, auf eher übliche, wie es viele machen, oder eher seltene – aber dadurch ja nicht schlechtere - Weise. Wie heißt es in einem, tollen, Lied – „Verdamp lang her“ - von „Bap“ (sinngemäß, ins Hochdeutsche übersetzt) : „Ob du laut weinst oder leise– Hauptsache du tust es!“.

Nach dem Tod meiner Mutter hätte es mich wohl auch halb umgebracht, wenn ich nicht recht bald wieder arbeiten, unter Leute gegangen wäre. Zur, manchmal wirklich nötigen, Ablenkung. Nach dem Tod meines Vaters hätte mich das hingegen wirklich halb umgebracht, auch jeglicher „Small Talk“ – der mich da wirklich auch aggressiv machte (z. B. über das Wetter zu reden – während mein Vater gerade gestorben war, für mich damit eine, meine Welt zusammen gebrochen war und wahrlich etwas viel Wichtigeres Thema – bzw. nicht mehr da- war). Da brauchte ich auch unbedingt auch Zeit für mich, depressive Musik, mir allein die Augen auszuheulen, zu schreien – manchmal laut, manchmal leise, innerlich. Auch alleine und nicht z. B. in Beisein eines

Therapeuten oder wem auch immer. Selbst meiner Lieben nicht. Selbst ein, der gleiche, Mensch möchte heute ja so oder so trauern, sich freuen, entspannen usw. Und morgen anders. Jeder nach seiner Facon. Und je nach Situation, aktueller momentaner Gefühlslage. Bitte nicht aus etwas, das man am besten so macht wie es einem gefällt oder gut tut etwas machen lassen, das gar nicht „seins“ , meins ist. Etwas einreden lassen, wenn auch vielleicht gut gemeint, was angeblich besser ist. Denn was hilft, hilft. Auch hier geht Probieren über Studieren ... Bei Bedarf auch immer wieder neu.

Auch wenn es sicher nie einfach oder schön ist. Was einen nicht umbringt macht einen vielleicht härter, schön ist es aber ja trotzdem nicht. Zumal wie oft damit umgegangen wird, statt Mitgefühl, Anerkennung des Leides oder Hilfe, Trost. Oder sogar noch völlig Unsinniges wie „Indianer kennen keinen Schmerz“ (tatsächlich waren die indianischen Klage-und Trauer-Lieder ja sogar besonders intensiv).

Selbst wenn man selbst in solchen Krisen wachsen kann. Dazu braucht man aber einige Zeit und auch Hilfe. Und viele Menschen müssen darüber auch einmal sprechen ... Bzw. (alleine oder gemeinsam) schweigen. Und brauchen auch viel Zuspruch, natürlich nicht zuletzt soweit möglich von Freunden, Partnern oder der Familie. Und auch eben nicht „ist doch nicht so schlimm“, wenn auch vielleicht gut gemeint. Denn *das (Unverständnis, nicht würdigen des Trauerns, damit auch der Liebe bzw. des Gegangenen)* kann sehr schlimm und verletzend sein, oft sogar noch mehr als

das eigentliche – auch schon sehr, sehr schwere - Leid selbst. Und wenn das nicht erkannt und anerkannt wird, man das quasi in sich hineinfressen soll kann es extrem schlimm werden- zumal wenn man quasi lernt, dass das in sich hineinfressen angeblich besser sein soll („Indianer kennen keinen..“). Und weint bzw. trauert z. B. auch nicht, zumindest nicht lange, oft genug. Nur dann kann so etwas aber, auch Krisen, „verarbeitet“ und zu einer Chance werden zum weiteren Wachstum. Vielleicht nicht umsonst gibt es ja gerade eben in der „Wachstums- Macht“ China für „Krise“ und „Chance“ nur ein, gleiches, Schriftzeichen ...
Aber – das ist aus meiner Beratungs- Erfahrung wirklich ganz extrem bedeutend: Es ist auch unbedingt wichtig, dass man beim „Wunden heilen“ auch dabei hilfreiche „Zeit“ richtig versteht! Ganz viele Menschen sagen sich nämlich sogar selbst wirklich „das ist ja schon lange her“. Z. B. ein Schicksalsschlag. Aber auch wenn der „Schicksalsschlag“, schmerzlicher Verlust von etwas schon Jahrzehnte (!) her ist wäre falsch zu denken, dass das „schon so lange her“ ist! Denn wenn etwas ganz Schlimmes noch nie richtig verarbeitet wurde, wie auch immer, man noch nie die Zeit zum zur Ruhe kommen, trauern, neue Kraft tanken usw. und Unterstützung und nicht zuletzt Anerkennung, Verständnis (s. oben) dafür bekam ist emotional betrachtet auch nach Jahrzehnten meistens noch nicht einmal ein Monat „heilende Zeit“ vergangen! Verlor man einen wichtigen Menschen, Job, was auch immer – vielleicht auch noch unter besonders unschönen Umständen - und kam nie richtig zum Trauern – was in unserer stressigen Zeit heute

unglaublich lange Jahre, Jahrzehnte der Fall sein kann – hat man nicht Jahre „heilsame Zeit" gehabt. Sondern faktisch *nicht einmal Tage*! Und steckt dementsprechend auch noch weiter in der Situation, „Film", Trauma, dem Leid bzw. der Belastung bzw. diese verschlimmert sich mit der Zeit ggf. sogar noch! Jahre danach nicht überwunden, wenn man nie wirklich einmal eine nötige Auszeit, Zeit, Erholung, auch Unterstützung bei der Aufarbeitung, ggf. auch des Traumas, hatte! Und einen Tag, eine Woche nach einem Trauerfall würden viele Menschen sicher noch nicht an sich oder andere den Anspruch haben wieder ganz zu „funktionieren". Monate oder Jahre später aber sehr viele Betroffene – und oft noch mehr Außenstehende - schon. Wenn man aber z. B. von einem „Trauerjahr" spricht heißt das ja auch, dass man auch ein Jahr Zeit zum Trauern bräuchte. Nicht jede Stunde natürlich. Aber eben wirklich mehr Zeit, nicht nur faktisch ein paar Tage in dem Jahr. Die meisten Trauernden bekommen heute aber im Jahr nach dem Verlust gerade in Deutschland höchstens – wenn überhaupt - ein paar *Tage* Zeit zum Trauern.

Das reicht nicht zum Heilen, Verarbeiten, soweit das auch überhaupt nur möglich ist! Nach einem schweren Auto-Unfall würde man ja auch nicht kurz darauf erwarten, dass alles wieder „ok" ist, wie davor weiter gehen kann. Und ein Trauer-Fall kann ja noch viel schmerzlicher, belastender sein. Und es ist sicher kein Grund zum Wundern, wenn man noch Monate oder Jahre danach „ausgepowert" bzw. traurig ist, nach „all der langen Zeit"- ohne aber wirkliche Auszeit dafür, Zeit zum (soweit möglich) Heilen bzw. Wunden wenigstens etwas verheilen. Dann auch mit immer mehr von Außen Druck „na ja, also jetzt solltest du ja endlich mal über den Berg sein". Oder „andere Leute schaffen das ja auch" (ggf. war da aber der Verlust nicht so groß bzw. Trauernde leider, s. oben, weniger gefühlvoll. Oder bekamen die mehr Verständnis und Unterstützung!). Wenn auch vielleicht netter formuliert, inhaltlich aber gleichbedeutend. Aber wie gesagt: Es geht ja nicht um Zeit an sich, sondern um Aus-Zeit, Erholungs-Zeit, Trauer-Zeit, Verarbeitungs-Zeit ... Einige Sachen heilt zwar vielleicht wirklich Zeit, wirklich auch eine mächtige Kraft, alleine. Die meisten bedürfen aber aktiv genutzter bzw. nutzbarer Zeit zum Trauern, Erholen, Verarbeiten ... auch mit Unterstützung und „Erlaubnis" dafür, s. oben. Bitte da nicht falsch rechnen, das könnte fatale Folgen haben – wenn man sich dann auch (noch) als „Versager" fühlt, weil man „nach all der Zeit" etwas „immer noch nicht verarbeitet" hat ... Viele Menschen begehen auch deshalb, solchen Selbst-Vorwürfen bzw. „wenn ichs so lange nicht geschafft habe gelingt es mir nie" Suizid! Rechnet man aber wirklich einmal ganz faktisch die Zeit, die man zum Trauern, Erholen etc. hatte, bzw. auch oft wirklich sehr wenig an Unterstützung, ist das oft lächerlich bzw. erschreckend wenig – und so dann auch kein Wunder, dass das noch nicht ausreichte und man da ggf. noch viel nachholen muss (an Zeit zur Trauer, Regeneration, evtl. auch weiterer – bzw. überhaupt einmal- Verarbeitung, Unterstützung usw.). In wirklicher Ruhe, Auszeit. Alles Andere wäre auch ein fataler Irrtum. Kollegen, Partner, Angehörige, Berater usw.

müssen hier auch wirklich sehr aufpassen, dass sie das berücksichtigen und nicht zu Unrecht auch noch Vorwürfe machen, Erwartungen haben „nach all der Zeit sollte doch etwas verarbeitet sein" (und wenn nicht das vorschnell als „unnormal", „krankhaft" sehen). Sondern genau hinsehen wie viel Zeit, Unterstützung, Betroffene wirklich faktisch zur Erholung, Trauer u. Ä. hatten, s. oben. Und selbst wenn man zig Jahre wirklich völlig frei gehabt hätte – was ja nahezu nie der Fall ist - zu Trauern aber das nie mit gutem Gewissen bzw. genug Unterstützung, Verständnis tun konnte würde das ja auch nicht reichen! Man muss fast immer eher darin bestärken sich endlich o. g., mehr (!) Zeit zu nehmen, auch guten Gewissens! Das fällt oft schwer, da Betroffene für Außenstehende oft ja schon sehr lange Zeit nicht so aktiv bzw. schlecht drauf bis hin zu „depressiv" sind, mit oft auch für sie großen Nachteilen. Das kommt ja aber häufig gerade deshalb, weil man noch nie richtig trauerte, Auszeiten nahm – sondern das richtig kaum tat bzw. nur mit schlechtem Gewissen. Also faktisch so gut wie gar nicht (selbst 3 Jahre völlige Ruhe aber mit schlechtem Gewissen wären faktisch auch nicht einmal eine Minute Auszeit, „Trauer-Möglichkeit"!). Tut man das endlich einmal hört oft auch „Depressivität" oder dergleichen recht schnell auf, zumindest mit guter, verständnisvoller profess. Unterstützung.

Um sich diese überhaupt holen zu können muss man Betroffenen von Trauer, ggf. auch wirklich - dann ja auch verständlichen - depressiven Verstimmungen bzw. Erkrankungen aber auch erst einmal zugestehen, gönnen,

„erlauben" dass sie das sein „dürfen" – depressiv, traurig bzw. „ausgebrannt"! Jegliche Vorwürfe bzw. das zu verharmlosen verschlimmern die Lage nur noch, zumal Betroffene sich in der Regel ja sowieso selbst schon viel zu viele Vorwürfe machen! Und sich auch sehr schwach fühlen (auch zum Suchen z. B. profess. Hilfe, was oft auch wirklich nicht einfach ist und auch oft an Unterstützung schon alleine dafür bedarf).

Vielleicht ist es auch kein Zufall, dass das Lied „Yesterday", das auch ja von Trauer, Liebeskummer handelt, eines der beliebtesten, berühmtesten und erfolgreichsten der Geschichte ist (und auch das o. g. von Adele eines der heute erfolgreichsten). Auch da, wie auch Adele einmal über ihr Lied sagte, es über etwas handelt, das nahezu jeder Mensch kennt, früher oder später zumindest. Ja, wirklich – ein noch gestern (yesterday), manchmal wirklich sogar am Tag zuvor noch bisher schönes, recht sorgloses Leben kann sich wirklich von einem Tag zum anderen gänzlich ändern bzw. anfühlen – mit den o. g. möglichen fatalen Folgen, weshalb man wirklich jeden Tag auf Mitmenschen und natürlich auch sich selbst gut aufpassen muss! Gerade auch direkt nach sehr schmerzlichen Erfahrungen. Oder wenn diese schon sehr, viel zu lange, in einem unverarbeitet sind. Nicht zuletzt auch bei starken Menschen, die oft mit Niederlagen – auch wenn es eigentlich gar keine sein mögen, es sich nur so anfühlt (z. B. bei ja irgendwann *unausweichlichem* Tod Nahestehender) – auch oft wenig Erfahrung haben, dann aber natürlich auch nicht so gut

lernen konnten damit umzugehen, man kennt das gar nicht so ... Wie es eben auch etwas im Text von „Yesterday“ (von den Beatles) heißt, hier in einem Auszug - frei übersetzt:
„Gestern schienen all meine Probleme so weit weg zu sein. Jetzt sieht es aus als ob sie doch bleiben (...).
Plötzlich bin ich nicht mal mehr die Hälfte des Mannes, der ich war, da hängt ein Schatten über mir. Gestern war plötzlich da (...).
Und ja, Liebeskummer bzw. Trauer ist sicher alles andere als einfach! Aber auch natürlich alles andere als etwas, für das – ja positive, liebe volle Gefühle (auch ganz natürliche, verständliche, menschliche Ängste und dergleichen) - man sich schämen muss! Man ist damit, auch dass einem das schwer fällt, ja kein schwacher, schlechter sondern „nur“ (glücklicherweise!) ein *gefühlvoller, starker Mensch*!
Das kann auch wiederum – vielleicht wirklich auch nur – jemand verstehen, der das schon selbst erlebt hat. Seit dem Tod meiner eigenen Eltern berate ich Trauernde z. B. ganz anders (ebenso wie z. B. ein anderer Berater nach dem Tod seines Kindes). Statt durch schlaue (?) Ratschläge auch vielmehr durch eine Haltung, dies verstehen – bei jedem Menschen ganz individuell - und würdigen (und auch keinesfalls „schönreden“) zu wollen. Man muss auch nicht immer nur positiv denken – zumal bei nicht positiven Begebenheiten). Das Gegenüber, sein Schicksal aber auch seine Person und Leistungen (ggf. auch das Schicksal, zumindest ja zu großen Teilen, bewältigt bzw. immerhin mehr oder weniger überstanden zu haben) zu würdigen, schätzen, respektieren, achten. Vor allem auch ganz

individuelle, persönliche Formen von Trauer bzw. Liebe. Denn, nochmals, in der Tat:„es ist wie es ist – sagt die Liebe". Und damit auch die Trauer ... So ist es nun einmal, ganz speziell ... Weiteres dazu sinngemäß auch bei Interesse auch bei Fromm, E.: Authentisch leben (Freiburg 2000) bzw., s. oben, Erath.

Stärkere depressive Erscheinungen bedürfen allerdings wirklich doch auch therapeutischer bzw. ärztlicher Behandlung. Unbedingt. Möglichst auch schnellstmöglich, sonst kann sich auch „Leichtes"(?) schnell zuspitzen. Wirklich auch von einem Tag („yesterday") zum anderen! Wirklich auch einige als stärkste Menschen erscheinende Mitmenschen nahmen sich, oft auch sehr schnell, nach Verlust Nahestehender das Leben. Das darf *nie* unterschätzt werden! Und bedarf oft deshalb auch sehr schneller fachmänn. Begleitung bzw. Behandlung. Auch wenn Betroffene scheinbar „über den Berg" sind. Oft gerade dann! Zu z. B. Suizid braucht man ja auch etwas Kraft, die man erst mit der Zeit wieder hat (und dann aber auch nutzen kann). Nach Außen hin ggf. sogar „besser drauf" wirkend. Das aber ja vielleicht nur, weil man froh ist, dass das Leid bald ein Ende hat bzw. man –vermeintlich – bald durch Suizid wieder beim Verstorbenen ist...
Weiteres dazu, auch zum Umgang mit Suizid bzw. Suizid-Gefahr, auch präventiv, z. B. bei T. Bronisch: Der Suizid, München 1995. Es ist dann aber auch *unbedingt* profess. Hilfe nötig, notfalls auch wegen Selbst-Gefährdung ärztliche bzw. klinische Zwangs-Einweisung! Selbst wenn

man für ein menschliches Selbstbestimmungsrecht ist, auch in dieser Frage. In solchen Ausnahmezuständen kann man aber nicht wirklich über sich selbst bestimmen, ist dazu nicht in der Lage! *Kein* Betroffener, kein Mensch!

Aber alle Gedanken über den Sinn und Stand des Lebens, speziell auch des eigenen, bzw. der Gesellschaft oder Todes bzw. Trauer auf Dauer (also nicht nur in o. g. akuten Krisen-Situationen) z. B. auch medikamentös zu unterdrücken („Hauptsache Funktionieren") ist sicher auch alleine keine Lösung. Dann wird sich weder die Trauer, Gesellschaft bessern noch eigene Probleme bzw. man wirklich (seinen) Sinn, Weg im Leben sehen -und nur so dann auch weiter gehen- können. Wenn man gar nicht weiß, was dieser Sinn, Weg für sich selbst ist. Der vor dem Tod (bzw. nach dem Tod Nahestehender, die einem auch Sinn gaben bzw. Wurzeln). Zumal wir ja auch mit vielen Stimmen, Erwartungen usw. in uns und von außerhalb ständig konfrontiert werden, man sich zwangsläufig damit auseinandersetzen muss. Zumal viele (Sinn, Orientierung gebende) Orientierungspunkte in der „Risikogesellschaft" (vgl. Rauschenbach dazu) heute auch weggefallen bzw. in der allgemeinen Diskussion (wie z. B. auch religiöse Werte) oder umstritten sind. Auch Trauer-Hilfen (z. B. religiöse). Was ja auch nicht nur schlecht sein muss. Aber oft auch Auswege bzw. neue Wege zu finden erschwert. Auch teilweise schwerer macht als zu früheren Zeiten, wo es teilw. auch noch bessere soziale Netzwerke gab, z. B. in der (Groß-) Familie. Während es heute andererseits auch mehr Trennungen gibt – da Beziehungen,

z. B. Ehen, i. d. R. heute ja nicht mehr halten „bis dass der Tod sie scheidet“ (Ausführlicheres dazu bei Interesse auch bei Engel/Gärtner-Engel). Auch nicht wegen „persönlichem Versagen“, sondern anderen Zeiten, Umständen als früher. Durch längere Lebenserwartungen als in früheren Jahrhunderten gibt es aber auch mehr mögliche neue Beziehungen- und auch dadurch wieder mehr mögliche bzw. nötige Trennungen, Verluste von Beziehungen. Bzw. man kann auch mehr Verluste erleben. Was das Leben natürlich auch nicht gerade einfacher macht - und auch die Erkenntnis wenig tröstet, dass Trennungen und der Umgang damit zwangsläufig zum Leben gehören, schon immer gehörten, ja auch erst, z. B. bei der Geburt, Leben ermöglichen (ausführlicher dazu vgl. auch Viorst). Aber wenn man öfters trauern muss wird das ja dadurch auch nicht besser („geübter“ oder dergleichen). Es kann dann sogar schlimmer, traumatischer werden bzw. vergangene Verluste wieder (noch mehr) belasten.

In einer Sendung im Deutschlandradio wurde aber einmal über „Melancholie“ diskutiert, von Ärzten, Lyrikern, Philosophen. Die Meinungen dazu gingen von „krankhaft“ bis notwendig und schön. Eben das Leben, auch dessen Sinn, mit allen positiven aber auch weniger schönen Seiten zu durchdenken, fühlen. Auch durch das „Durchfühlen“ des Schweren auch das Schöne, Leichte noch mehr erkennen, genießen, wertschätzen können. Im portugiesischen „Fado“ spielt das eben z. B. auch eine große Rolle, „Leiden schafft“ sozusagen, durch durchlebtes Leid (bei Bedarf, schwerem Leid, aber bitte mit professioneller

Hilfe!) schafft man sozusagen auch (neue) Leidenschaft. Auch in der ZDF- Dokumentation „Auf der Suche nach dem Glück“ vom 17. 8. 2012 wurde das bestätigt bzw. überhaupt infrage gestellt, wo die Menschheit gelandet wäre – bzw. dass sie nie soweit gekommen wäre – wenn es „Melancholie“, Zweifel, Unzufriedenheit, Ängste, Trauer und dergleichen nicht gäbe. Dann hätte es eben wirklich auch nicht größte Leistungen, bedeutendste Werke in der Wissenschaft oder auch – auch schönen - Kunst gegeben, worauf dort z. B. der berühmte Philosoph Wilhelm Schmid hinwies – ebenso wie dass das Leben leider kaum überwiegend aus Glück bestehen kann (was vielleicht auch nicht unbedingt erstrebenswert wäre: „Glück ein Leben lang! Niemand könnte es ertragen, es wäre die Hölle auf Erden!“ (G. B. Shaw). Auch wenn man manchem Glück natürlich auch hinterhertrauern kann und darf.

Auch die Neurowissenschaftlerin Prof. T. Singer vom Max-Planck-Institut in Leipzig wies dort zudem darauf hin, dass die Einstellung im Denken ganz entscheidend sein kann bezüglich Zufriedenheit, auch auf Dauer (wieder) möglichem Glücksempfinden. Man kann das regelgerecht trainieren (wie z. B. mit der sogenannten „kognitiven Verhaltenstherapie“). Es muss aber auch realistisch sein. Die Erwartung z. B. an Menschen, die Schlimmes erlebt haben – z. B. schwere Verluste von Mitmenschen - bald wieder „happy“ sein bzw. „funktionieren“ zu müssen wäre sicher falsch. Nur die Erkenntnis bzw. „Erlaubnis“, dass man dann natürlich auch traurig und schlecht drauf sein kann, auch längere Zeit, zumindest immer wieder einmal-

völlig normal und gesund, natürlich, menschlich - kann diese auf Dauer wieder besser gestimmt werden lassen. Wenn, s. oben, eben anerkannt wird- Menschen auch das Recht dazu anerkannt- dass das Leben natürlich auch aus schwereren, dunkleren Seiten, Zeiten, Gedanken, Gefühlen usw. besteht – zumal wenn es gute Gründe dafür gibt, z. B. bei Trauer (zumal die ja auch wie gesagt das Pendant zu positiven Gefühlen wie Liebe ist). Nur dann kann das auch zugelassen, durchlebt, „verarbeitet" werden und auch (mit der Zeit) wieder auch andere Gefühle, Gedanken zugelassen werden. Auch Goethe, Schiller usw. hatten ja (starke), lange „depressive Phasen" – schrieben aber auch (oft auch nach deren „Durchleben") schönste Liebesgeschichten, Ode(n) an die Freude usw. „Freud und Leid" – was oft auch zusammenhängt bzw. zusammenhängen kann - macht ja wirklich das Leben aus- denn ja, wohl wirklich: „Sich recht anschauend vorzustellen zu lernen, dass niemand vollkommen glücklich ist, ist vielleicht der nächste Weg, vollkommen glücklich zu werden". Bzw. eben (wieder) so glücklich, zufrieden wie möglich zu werden. Mit allen berechtigten Gefühlen, Gedanken - natürlich auch der Trauer.

Und auch Wut – das ja wiederum auch nicht zuletzt bezüglich viel zu viel doch *unnötigem, vermeidbarem, unguten* Unglück auf der Welt: „Es gibt keine großen Entdeckungen und Fortschritte, solange es noch ein unglückliches Kind auf Erden gibt" (Albert Einstein). Und es gibt ja heute noch Millionen bzw. Milliarden unglückliche, zumindest an Hunger und Not – eigentlich, s. oben, völlig unnötig- leidende und sterbende Kinder, Menschen (und dagegen etwas zu tun, dabei mitzuhelfen, kann auch jedem Leben neuen Sinn geben ...). Aber man kann auch Menschen alleine dadurch unglücklich machen, dass man sie nicht auch einfach *ganz normal und natürlich* etwas unglücklich, weniger „happy", sein lässt wenn ihnen danach einfach zumute ist (zumal, z. B. eben nach einem Trauerfall, ja auch völlig verständlich! Bzw., s. oben, als Zeichen von Liebe – *man lässt also Menschen auch nicht lieben! Was soll das aber bitte dann für eine Gesellschaft werden?*). Auch – oder gerade – in einer „Spaß"- und Konsumgesellschaft, wo selbst Freud und Leid noch kommerzialisiert bzw. pervertiert wird ... Und wo das in Frage stellen, auch ganz *ernst*haft, ob da alles wirklich so fortschrittlich ist wie die Gesellschaft sich entwickelt – zumindest teilweise auch wirklich Angst, traurig machend - sicher auch sehr positiv ist ...

Und auch z. B. in der im Oktober 2012 auf „Vox" ausgestrahlten Dokumentation „Glück ist erlernbar! Die Formel für ein besseres Leben" wurde von, teilweise berühmten, Psychologen, Philosophen, Hirnforschern, Ärzten usw. berichtet, dass man dazu nicht zuletzt begreifen muss, dass auch viele nicht so schöne, dunklere Seiten bzw. Zeiten zum Leben gehören. Dauerhaftes, ständiges, ununterbrochenes Glück zu erwarten wäre eine zu große Erwartung. Und einer der Hauptgründe für sehr viele Menschen *unglücklich* zu werden. Ständig nur „positiv denken" sei demnach auch nicht ratsam, da eben das auch nicht realistisch, produktiv ist und langfristig auch nicht hilft. Und ein Hauptmittel gegen Depressionen sei auch, dass man erkennt, dass negative Gedanken, Gefühle (bzw. traurige) eben auch zum Leben gehören – und nicht etwas „Krankes“ sind. Alleine solche Erkenntnisse – z. B. auch, durch viele Studien belegt, erfolgreich im Rahmen sogenannter „kognitiven Verhaltenstherapie“ – aber auch oft einfach durch eigene Erkenntnis - vermittelbar, können auch unheimlich viel Energie, Kraft ersparen. Wenn man auch nicht ewig an „Krankhaften“ herumtherapiert- was, wie auch fast immer Trauer, ja auch gar nichts Krankhaftes ist! Solch ein etwas anderes Denken kann oft enorm viel bewirken, Kraft geben bzw. sparen. Wie beispielsweise auch Oliver Bierhoff in seinem aktuellen Buch-Titel (sinngemäß „man muss nicht immer so viel laufen im Fußball – es reicht wenn man richtig steht, da wo der Ball hinkommt als Vorlage zum erfolgreichen Torschuss“) ein (ironisch ausgedrücktes) gutes Beispiel nennt (und Bierhoff zeigte ja auch, dass die These stimmt- er machte ja mit seinem Tor, als er einfach „nur“ richtig stand, Deutschland zum letzten Mal zum Europameister). Man muss, sollte auch nicht ewig Anerkennung hinterher rennen für einfach „nur“ positive Gefühle! Sondern solchen Menschen muss meistens eher nur geholfen werden, dass sie ihren Standpunkt (noch besser) verteidigen können, dass Trauern eben etwas ganz Normales, Positives, Wichtiges ist. Und wer das einfach nicht akzeptieren möchte, das immer wieder bemängelt an Trauernden – *den* sollte man auch einfach dann einmal „stehen lassen“ mit seinem Mäkeln ...

Und Positives wie Liebe geht ja auch nicht ohne Pendants wie auch Schmerzhaftes wie Sehnsucht, Trauer (wenn geliebte Menschen nicht da sind, evtl. auch nie wieder). Gut, auch hier kann man Vieles positiv umdeuten. Langem Warten auf Wiedersehen z. B. entgegnen mit „Vorfreude ist die schönste Freude“. Aber das tatsächliche Wiedersehen ist, wäre ja vielleicht doch noch schöner. Und ja „Schöne Tage - nicht weinen, dass sie vergangen. Sondern lächeln, dass sie gewesen“ (R. Tagore). Das gelingt auf Dauer auch oft, zumindest teilweise.
Trotzdem gäbe ich z. B. extrem viel dafür, meine verstorbenen Eltern nochmals mir gegenüber zu sehen, lächelnd. Sie auch körperlich zu umarmen. Nochmals für so unendlich Vieles danken zu können ... Auch wenn sie und mein Dank heute vielleicht tiefer als jemals zuvor in meinem Herzen sind, ich mich ihnen zutiefst verbunden fühle. Trotzdem bricht es mir immer wieder einmal auch fast das Herz, dass sie nicht mehr auch körperlich da sind. Wirklich äußerst extrem hart. Als ob eine Bombe im Herz platzt. Nur, wie gesagt, wäre es besser, wenn das nicht so schwer fallen würde? Dann wäre ja auch die Liebe nicht so groß. Und ihr Andenken, das an sie denken und sie in mir fühlen, spüren gibt mir auch immer wieder neue Kraft (und Sinn).
Aber wenn Menschen (oder Sachen, Tiere, Arbeit usw.) nicht mehr da sind, die dem Leben (mit) Sinn gaben, es hell und bunt machten, einen erwärmten und Halt gaben, „my heart und soul“ waren – soll man dann, wenn sie nicht mehr

da sind, auch gefühlt wirklich „mein Herz und Seele“ nicht mehr, nicht auch das Leben weniger hell und bunt erscheinen dürfen? Auch wirklich grau, schwarz, kalt? Und man sich schwach, traurig, evtl. auch alleine, einsam, verlassen usw. fühlen können? Auch das Herz bluten können, wenn das oder die, der, das Verlorene mit viel Herz, Herzblut verbunden war? Vielleicht auch einige Zeit – zumal wenn man mit diesen auch längere Zeit verbrachte, sie von großer Bedeutung waren? Zumindest persönlich, für einen Menschen ist nun einmal das bzw. der oder die, das wichtig, für andere Menschen Anderes ...
Man liebt (bzw. betrauert) auch das oder das, den oder die ...

Und so erfüllend Liebe eben auch sein kann – so schmerzvoll ist natürlich dann auch der Verlust von Geliebtem, kann auch (erst einmal) ein großes „Loch“, Leere hinterlassen. Wenn dann „Erfüllendes“ fehlt, was etwa auch von Peter Gabriel im – auch wunderschönen - „in your eyes“ besungen wird (wobei es natürlich auch Liebe zu Kindern, Eltern usw. sein könnte ... dann also auch deren Augen, „eyes“). Hieraus auch ein frei übersetzter Auszug: „Meine Liebe, ich fühl mich so verloren, manchmal. Tage gehen vorüber und die Leere füllt mein Herz. Wenn ich weglaufen will fahre ich in meinem Auto davon. Aber welchen Weg auch immer ich wähle komme ich doch zurück dorthin wo du bist (...) In deinen Augen: Das Licht, Wärme. In deinen Augen bin ich komplett“.
Allerdings ist natürlich der Preis davon, dass wenn diese Liebe, Geliebtes, Erfüllendes, Ergänzendes – bzw.

Wertschätzung - fehlt, abhanden kommt auch entsprechend hoch, schmerzvoll. So wie es auch etwa Eric Clapton ausdrückt in seinem auch sehr schönen, gefühlvollen Lied „my father`s eyes". Diese Augen seines, früh verstorbenen, Vaters hat er nie gesehen und auch sein Sohn verstarb bereits mit vier Jahren bei einem Unfall ... Wohl auch ein Grund für seine gefühlvollen Lieder,-nicht nur aber auch schwermütige, melancholische, liebevolle ...

Und „Schwermut", melancholische, traurige Gedanken und Gefühle immer grundsätzlich als nur schlecht abzutun ist denke ich auch ziemlich bedenklich - und in anderen Ländern bzw. Kulturen auch durchaus anders gesehen, s. oben. Ja nicht mit der Folge, dass man ständig Trübsal bläst. Im Gegenteil. Portugiesen gelten ja z. B. eher als leidenschaftlicher und sicher auch nicht nur ernster, depressiver als Deutsche (die ja in anderen Ländern oft eher als zu ernst gesehen werden) oder auch z. B. Argentinier und andere Anhänger des Tangos- der ja auch seine „schwere" Seite hat, viel mit Sehnsucht u. ä. zu tun. Es geht eben auch hier um die Dialektik des Lebens bzw. Ambivalenzen, etwas „Ying und Yang" oder auch „Faust und Mephisto" usw. Das Leben ist nicht nur schön, Schönes wird teilweise auch definiert durch Negation der Negation von nicht- Schönem... Liebe ohne Schmerz gibt es, s. o., nicht usw. Und das Beispiel „Mephisto" zeigt auch, dass wir nicht nur positive Seiten, Stimmen in uns haben sondern eben auch negative. Die aber auch dazu gehören, auch solche Seiten zum Leben, bzw. durch den „Geist, der stets

verneint“ auch wieder Positives geschaffen werden kann. Bzw. ja auch Negatives verhindert werden kann – z. B. durch Verneinung, Verhinderung von zu wenig Wertschätzung oder unnötigen Todesfällen, s. oben.
Viele Menschen werden wohl auch nur depressiv bzw. „depressiv verstimmt“ weil sie sich über – eigentlich zumindest nicht schlimme - „melancholische Gedanken“ zu viele Gedanken machen. Diese als etwas Schlimmes, Krankes sehen. Oder von Anderen so gesehen werden. Und sich fragen: „Warum grüble ich immer so viel, bin ich oft schlecht drauf, so traurig, schwermütig“...? „Schwermut“ kann aber eben auch nur Melancholie sein - und also auch positiv, produktiv, zumindest nicht schlimm. Es gehört ja wirklich auch Mut dazu sich mit der Schwere zu beschäftigen... Auch so könnte man ja „Schwer*mut*“ sehen. Als mutig, stark. Ebenso wie Trauer (und zu dieser bzw. zu seiner fortwährenden Liebe) zu stehen. Solange man sich deshalb nicht zu viele Gedanken, Sorgen macht ... Es kann ja auch nicht nur „nicht schlimm“ sondern auch *gut* sein. Melancholie, Schwermut, Trauer verdankt die Menschheit ja auch viele wunderschöne Lieder, Musik, Prosa, Lyrik,... Und tiefer gehende Einsichten, auch zum Sinn des Lebens, auch Positivem ... Und Leistungen, Innovationen, die eben auch nicht so leicht, oberflächlich sondern nur schwer zu finden, ergründen sind... Und auch dazu Mut gehört, darüber nachzudenken, auch über unsere Abgründe ... Aber nur durch deren Betrachten kann man auch wirkliche (in Abgrenzung dazu verbleibende) Wege, Sinn erkennen ... Der einem natürlich

auch (erst einmal) fehlen kann wenn gilt „all you need is love“ – und das Geliebte ist auf einmal nicht mehr da ... Natürlich kann das auch „Sinnfragen“ aufkommen lassen, auch des eigenen Lebens. Auch wenn man wirklich sicher aufpassen muss und sich auch beraten lassen sollte fachmännisch, ob es nicht wirklich in eine gefährliche Richtung abrutscht. Auch einige große Dichter, Maler usw. mit (zu) schwermütigem Geist begingen schließlich auch Suizid! Vorsicht ist da wirklich, bitte, unbedingt geboten! Nicht zuletzt auch beim Umgang mit Wut, die man immer in sich hat (zumindest über den Verlust), die auch verarbeitet werden muss – aber in geeigneter (z. B. therap. begleiteter) Form, sonst kann das auch wirklich fatal enden!

Weitere grundsätzliche, konkrete Aspekte der Trauer(begleitung)

(aus Wikipedia, der sogen. freien Enzyklopädie. Das spiegelt nicht immer die Meinung des Autors dazu wieder- bzw. Vieles ist leider eher mehr Theorie als Praxis der Trauerbegleitung in Deutschland ... Einiges ist auch umstritten bzw. könnte, auch im Lauf der Zeit, dort Bearbeitung erfordern - das somit nur unter diesem Vorbehalt, zum Überblick!)

„Trauerbegleitung

Dieser Artikel behandelt die „beauftragte" Trauerbegleitung, die auf Veranlassung und in Verantwortung einer Organisation oder eines Dienstes vorgenommen wird. Die ganz normale Mitmenschlichkeit, mit der sich Kollegen, Freunde, Nachbarn einem trauernden Menschen zuwenden und ihm im Alltag begegnen, wird in diesem Kontext nicht als Trauerbegleitung bezeichnet.

Trauerbegleitung im gesellschaftlichen Kontext [Bearbeiten]

Die (beauftragte) Trauerbegleitung kann als Versuch verstanden werden, dem menschlichen Bedürfnis nach Trauer und deren Begleitung zu begegnen, das in der Moderne zunehmend verdrängt wurde durch die Tabuisierung der Lebensbereiche Tod, Krankheit, Sterben und die damit einhergehende „Trauerabstinenz". So entstand die moderne Hospizbewegung u.a. als Reaktion darauf, dass in den Krankenhäusern und Altenheimen Tod und Trauer anscheinend nicht mehr in einem als angemessen angesehenen Rahmen stattfanden. Diese Verdrängung wird von Vertretern der Hospizbewegung oft auch der modernen Leistungsgesellschaft und ihrem Ideal der „Funktionsfähigkeit“ des Menschen angelastet, innerhalb dessen Krankheit und Tod und die damit einhergehenden Gefühle nicht selten als funktionsunfähig machendes Stigma gelten. Erst mit dem Aufkommen der Hospizbewegung und der gesellschaftlichen Thematisierung von AIDS seit Beginn der 80er Jahre ist die Begleitung Angehöriger und Freunde des Sterbenden auch über dessen Tod hinaus wieder ins gesellschaftliche Bewusstsein gerückt.

Trauerarbeit und Trauerbegleitung [Bearbeiten]

Seit Sigmund Freuds klassischer Monographie über „Trauer und Melancholie“ aus dem Jahre 1917[1] wird von psychologischer Wissenschaft und Praxis die grundlegende Annahme geteilt, dass Trauernde zur Verarbeitung ihres Verlustes mit ihren Gefühlen konfrontiert werden müssen. Vermeiden sie diese Konfrontation, laufen sie das Risiko der Fehlanpassung, was durch die nicht verarbeitete Trauer Neurosen und Depressionen zur Folge haben kann. Die Trauernden müssen also „Trauerarbeit“ leisten. Unter Trauerarbeit versteht man den Prozess der emotionalen und kognitiven Auseinandersetzung mit der Wirklichkeit des Verlustes: Die Verwitweten beschäftigen sich immer wieder mit Ereignissen vor und während des Todes und mit ihren Erinnerungen an den Verstorbenen. Die Funktion der Trauerarbeit soll es sein, die gefühlsmäßigen Bindungen an die Verstorbenen neu zu definieren und als einen

Bestandteil, der allerdings vergangen ist, in sein Leben zu integrieren. Der Begriff oder das Konzept der "Trauerarbeit" ist wissenschaftlich nicht untersucht. Obwohl Theoretiker in neuester Zeit ein differenzierteres Bild der kognitiven Prozesse der Trauerverarbeitung entwickelt haben, weisen die meisten Therapieprogramme auch heute noch der Trauerarbeit eine zentrale Rolle zu und sehen pathologische Trauer als Ergebnis einer unzureichend vollzogenen "Trauerarbeit".

Das Enthüllen der eigenen Gefühle über den Verlust gegenüber Freunden, Familie, Leidensgenossen oder professionellen Helfern ist keine notwendige Voraussetzung für die Trauerarbeit, da man sich mit seinen Gefühlen auch alleine auseinandersetzen kann. Allerdings besteht eine enge Beziehung zwischen den zwei Prozessen: Manchen Menschen gelingt die Auseinandersetzung mit ihrer Trauer nur über das Gespräch. Indem sie mit Anderen reden, klärt sich für sie die Situation und so verarbeiten sie ihre Trauer. Es ist eine Funktion von Trauerbegleitung und Trauertherapie, sich der Auseinandersetzung mit dem Verlust zu stellen, sowie die Trauernden bei ihrer Trauerarbeit empathisch zu begleiten. Dabei geht es nicht darum, sie von der Trauer zu befreien, sondern sie dabei zu unterstützen, den erlebten Verlust sowie die damit verbundene Trauer als einen Bestandteil ihres Lebens anzunehmen und zu integrieren, um nach dem vollzogenen Trauerprozess gestärkt und lebensbejahend nach vorne leben zu können. Verluste können nur akzeptiert werden, wenn sie abgetrauert worden sind.

Eine der umfangreichsten Studien zu diesem Thema ist die Tübinger Längsschnittstudie der Verwitwung. In dieser Untersuchung wurde eine Gruppe von verwitweten Männern und Frauen über einen Zeitraum von zwei Jahren nach deren Verlust mehrmals befragt und in ihrer Befindlichkeit mit nach Alter, Geschlecht, Kinderzahl und sozioökonomischen Status vergleichbaren Verheirateten verglichen. Als Resultat dieser Studie kann zusammengefasst werden, dass Trauerbegleitung oder Trauertherapie nur den Trauernden hilft, die selbst nicht imstande sind, ihre Trauer zu verarbeiten, weil ihnen ein Gesprächspartner fehlt. Daraus folgt für die Praxis der Trauerbegleitung die Beschränkung der Hilfe auf die Menschen, die von dieser Hilfe am meisten profitieren.

Kindertrauerbegleitung [Bearbeiten]

In der Kindertrauerbegleitung werden Kinder und Eltern in ihrem Trauerprozess begleitet. In Kindertrauergruppen wird den Kindern über Gespräche und kreatives Tun vermittelt, dass ihre Trauer keine Krankheit ist, sondern eine natürliche Reaktion auf den Verlust eines lieben Menschen. Sie werden ermuntert, ihre Gefühle auszudrücken und lernen, sie zu akzeptieren. Eine besondere Rolle in der Trauerarbeit mit Kindern spielen Symbole und Symbolsprache.[2] Durch den Bundesverband Trauerbegleitung werden momentan eigene Standards für Fortbildungen in Kindertrauerbegleitung entwickelt.

Qualitätsanforderungen in der Trauerbegleitung [Bearbeiten]

Die Trauerbegleitung ist in den letzten Jahren deutlich in die Breite gegangen: So wird diese heute von verschiedensten

Institutionen und Einzelpersonen angeboten, aber auch in andere Konzepte eingebunden wie Bestattung, Familienbildung, psychologische Beratung und Therapie. Aufgrund dieser Diversifikation wird in den letzten Jahren zunehmend über Qualitätsstandards bzw. Qualitätssicherung innerhalb der Trauerbegleitung diskutiert. [3]

Entwicklung allgemein anerkannter Standards in der Trauerbegleitung [Bearbeiten]

2007 wurden von der damaligen Bundesarbeitsgemeinschaft Trauerbegleitung [4] [5] gemeinsame fachliche Standards für Qualifizierungen in Trauerbegleitung formuliert.[6] Diese Standards werden zunehmend auch von Personen und Institutionen übernommen, die ebenfalls Weiterbildungen in Trauerbegleitung anbieten, jedoch nicht dem BVT angehören.

Siehe auch [Bearbeiten]

Hospiz, Hospizbewegung, Sterbebegleitung, Palliativmedizin, Patientenverfügung, Sterben, Trauer, Kinderhospiz, PTBS, Verwaiste Eltern

Literatur [Bearbeiten]

Sylvia Brathuhn, Trauer und Selbstwerdung, Würzburg 2006, ISBN 3-8260-3387-6.

Peter Godzik (Hrsg.): Trauernden nahe sein. Ein Lern- und Lebensweg, Rosengarten b. Hamburg: Steinmann 2011, ISBN 978-3927043466.

Peter Godzik (Hrsg.): Sei nahe in schweren Zeiten. Handreichung zur Vorbereitung von Ehrenamtlichen in der

Trauerbegleitung. Leitungshandbuch, Rosengarten b. Hamburg: Steinmann 2011, ISBN 978-3927043497.

Ralf Jerneizig, Arnold Langenmayr, Ulrich Schubert: Leitfaden zur Trauertherapie und Trauerberatung. Göttingen 1991, ISBN 3-525-45737-5.

Ralf Jerneizig, Arnold Langenmayr: Klientenzentrierte Trauertherapie. Eine Pilotstudie zur Erfassung der therapeutischen Wirksamkeit. Göttingen u. a. 1992, ISBN 3-8017-0458-0.

Ida Lamp, Sabine Smith: Trauer und Beratung, in: Frank Nestmann, Frank Engel, Ursel Sickendiek (Hrsg.), Das Handbuch der Beratung, Band 2: Ansätze und Methoden, 2. Aufl. 2007, ISBN 978-3-87159-049-8.

Arnold Langenmayr: Trauerbegleitung. Beratung - Therapie – Fortbildung. Göttingen 1999, ISBN 3-525-45851-7.

Monika Müller, Matthias Schnegg, Der Weg der Trauer. Hilfe bei Verlust und Trauer (= HERDER spectrum 5476), (Vollständig überarbeitete Ausgabe der Auflage des Titels "Unwiederbringlich - vom Sinn der Trauer", Freiburg im Breisgau 2005, 3. Auflage der Neuausgabe 2008), ISBN 978-3-451-05476-1.

Monika Müller, David Pfister, Sigrun Müller, Wirkt Trauerbegleitung überhaupt, und wenn ja worin?, in: Zeitschrift für Palliativmedizin, 12. Jahrgang, Heft 5, September 2011, S. 210-215.

Chris Paul (Hrsg.), Monika Müller (Hrsg.), TrauerInstitut Deutschland e.V. (Hrsg.), Qualität in der Trauerbegleitung. Dokumentation der 2. NRW-Trauerkonferenz 9./14.Juni

2002 (= Paul Timmermans (Hrsg.), Praxisforschung Trauer, Band 1), Wuppertal 2003, ISBN 3-9808351-1-1.
Chris Paul, Schuld - Macht - Sinn. Arbeitsbuch für die Begleitung von Schuldfragen im Trauerprozess, Gütersloh 2010, ISBN 978-3-579-06833-6.
Chris Paul (Hrsg.), Neue Wege in der Trauer- und Sterbebegleitung. Hintergründe und Erfahrungsberichte für die Praxis, Gütersloh 2001, ISBN 3-579-02308-X, vollständig überarbeite und ergänzte Neuauflage, Gütersloh 2011, ISBN 978-3-57906835-0.
Petra Rechenberg-Winter, Esther Fischinger, Kursbuch systemische Trauerbegleitung, Göttingen 2008, ISBN 978-3-525-49133-1.
Mechthild Schroeter-Rupieper, Für immer Anders - Das Hausbuch für Familien in Zeiten der Trauer und des Abschieds, Ostfildern 2009, ISBN 978-3796614569.
Ruthmarijke Smeding, Margarete Heitkönig-Wilp (Hrg.), Trauer erschließen - eine Tafel der Gezeiten,Wuppertal 2005, ISBN 3-9808351-7-0.
Stalfelt, Pernilla: Und was kommt dann? Moritz Verlag, ISBN 3-89565-110-9.
Stephanie Witt-Loers, Trauernde begleiten, Göttingen 2010, ISBN 978-3-525-63020-4.
Stephanie Witt-Loers, Sterben, Tod und Trauer in der Schule - Eine Orientierunghilfe. Göttingen 2009, ISBN 978-3-525-58009-7
Johann Christoph Student (Hrsg.): Sterben, Tod und Trauer – Handbuch für Begleitende. 2. Aufl., Herder, Freiburg 2006.

Weblinks [Bearbeiten]

Bundesverband Trauerbegleitung e.V. BVT

Einzelnachweise [Bearbeiten]

↑ Sigmund Freud: Trauer und Melancholie, 1917, Studienausgabe, Bd.III. Erscheinungsjahr 1915.

↑ Saegner, Uwe: Papa, wo bist Du? Ein Kinderbuch zu Tod und Trauer für Kinder. Der Hospiz Verlag, Wuppertal 2005. ISBN 3-9810020-4-0.

↑ vgl. z. B.. TrauerInstitut Deutschland e.V. (Hrsg.), Qualität in der Trauerbegleitung. Dokumentation der 2. NRW-Trauerkonferenz, Wuppertal 2003, ISBN 3-9808351-1-1

↑ seit 2010 Bundesverband Trauerbegleitung e.V.

↑ Pressebericht über die Gründung des Bundesverbands Trauerbegleitung e.V.

↑ http://www.bv-trauerbegleitung.de/http://www.bv-trauerbegleitung.de/Qualitaetsstandards

Diese Seite wurde zuletzt am 19. Mai 2012 um 18:23 Uhr geändert.

Von http://de.wikipedia.org/w/index.php?title=Trauerbegleitung &oldid=103422889“

Kategorien: Trauer Seelsorge Palliativmedizin

Trauer

Der Begriff Trauer bezeichnet die durch ein betrübendes Ereignis verursachte Gemütsstimmung und deren Kundgebung nach außen, etwa durch den Verlust nahestehender oder verehrter Personen oder Tiere, durch die Erinnerung an solche Verluste, oder auch zu erwartende Verluste.[1] Das Trauern kann auf Grund der zuvor genannten Ursachen auch ein Überwinden von Leid und Schmerz bedeuten.

Inhaltsverzeichnis

[Verbergen]

2.5 Traditionelle Trauersitten in China

3 Literatur

3.1 Publikationen in Buchform

3.2 Beiträge in Sammelwerken und Zeitschriftenartikel

3.3 Fachzeitschrift

4 Weblinks

5 Einzelnachweise

Trauer in psychologischer Sicht [Bearbeiten]

Arten [Bearbeiten]

Trauer bezeichnet einen emotionalen Zustand. Es ist ein Gefühl der Niedergeschlagenheit, eines Mangels an Lebensfreude (kurzzeitig oder länger andauernd) oder eines seelischen Rückzugs, einer starken Kränkung;

einen Prozess bei der Bewältigung von Krankheit, des Sterbens und insbesondere nach dem Tod eines geliebten Menschen oder auch bei einem sonstigen schweren Verlust;

eine besondere Art der Kleidung, welche als Ausdruck des Schmerzes über den Verlust einer nahestehenden Person getragen wird („Trauer tragen"). Heutzutage ist es nur noch zur Beerdigung selbst üblich. Vormals bestanden detaillierte Regelungen über die Zeitdauer des Tragens von Volltrauer und Halbtrauer, die je nach Verwandtschaftsgrad zum Verstorbenen variierten. So trug die Witwe ein Jahr lang schwarz;

einen offiziellen Zustand, der von der Regierung bei Unglücksfällen oder nach dem Tod einer hochrangigen Person verordnet werden kann; siehe dazu Staatstrauer.

Im weiteren Sinn unterscheidet man auch folgende Arten der Trauer: übertriebene, chronische, maskierte und verspätete Trauer. (englisch: complicated grief, traumatic grief)

Trauer und trauern [Bearbeiten]

Der Trauerprozess selbst besitzt verschiedene Aspekte. (Siehe auch Traurigkeit, Schmerz.) Die Folgen sind unter anderem Bedrückung und Depression.

Der Zustand der Trauer hat beim Menschen neben dem emotionalen Aspekt auch einen Verhaltensaspekt, bei dem es um die Bewältigung und Verarbeitung des seelischen Schmerzes geht, dieser wird durch den Verlust eines nahestehenden Menschen oder Tieres verursacht. Auslöser können der Tod von Freunden, Verwandten oder Haustieren,[2] aber auch Trennungen anderer Art (Haus, Heimat) sein, die den „räumlichen Verlust“ nahestehender oder verehrter Personen bedeuten.

Überwinden der Trauer [Bearbeiten]

Körperliche Aktivität oder Ablenkung können Trauer verdrängen oder kurzfristig erleichtern. Man kann überdies versuchen, den Verlust zu ersetzen. Durch die Kulturgeschichte hindurch stabilisierten jahrhundertealte Trauergebräuche und Rituale und stifteten (neuen) Sinn. Solche Möglichkeiten werden durch Erinnerung und symbolisch wiederholtes Zurückholen und erneutes Weggeben des Betrauerten, ein Sich-Einlassen auf die Extremsituation des Verlustes gespielt und machen ein allmähliches Akzeptieren und Loslösen möglich. Diese

sogenannte Trauerarbeit hilft. Die Klage und auch Gespräche sind konstitutiv. Bedeutsam sind auch der Ort der Trauer und die zugehörige Situation.
Die Trauer verläuft gewöhnlich in mehreren Phasen.
Die Betroffenen befinden sich meist in einer Art Schockzustand, wollen nicht wahrhaben, dass ein Mensch oder auch Tier verstorben ist oder im Vorhinein ein äußerst schwerer Verlust zu erwarten ist.
Sie erleben eine depressive Phase. Sinnleere oder Zukunftsangst sowie Hadern mit dem Schicksal dominieren die Gedanken. Häufig treten Desorientierung und Vergesslichkeit hinzu, auch körperliche Reaktionen wie Konzentrationsverlust, Schlafstörungen, Appetitlosigkeit oder Gewichtsverlust treten auf. Die Aufmerksamkeit im Kontakt mit Anderen und in Bezug auf die notwendigen alltäglichen Aufgaben fällt schwer. Trauernde haben Verlassenheits- und Schuldgefühle sowie andere Krankheitssymptome der Schwäche.
Dann beginnt „die Zeit, die Wunde zu heilen". Der Gedanke an die verstorbene oder verlorene Person, auch an Tiere, Haus, Heimat, Arbeit lässt weniger verzweifeln. Es gelingt den Trauernden sich wieder besser zu konzentrieren, das Hier und Jetzt wird wahrgenommen und der Blick wird auf die Zukunft gerichtet. Diese reicht dann bis zum seelischen Gleichgewicht.
Während oder nach der Bearbeitung der Trauer können sich neue Perspektiven eröffnen, die unabhängig vom Trauerfall sind: neue Beziehungen, Verhaltensänderungen. So kann bearbeitete Trauer auch Lernprozesse in Gang setzen, die

allerdings stagnieren, wenn die Trauerarbeit oder schwere zusätzliche Belastungen noch zu viele Energien beanspruchen.

Neuerdings gibt es Trauerreisen. Teilnehmer einer kleinen Reisegruppe (meist 12 bis 20 Teilnehmer) kommen während der Trauerreise ins Gespräch; dies soll ihre Trauerarbeit fördern und erleichtern.[3]

Trauerphasen [Bearbeiten]

Phasen- und zielorientierte Modelle des Trauerprozesses [Bearbeiten]

Elisabeth Kübler-Ross beschrieb 1969 fünf Phasen des Sterbens. Da das ein Trauerprozess ist, wurde ihr Phasenmodell auch in der Trauerbegleitung verwendet. 1970 legten John Bowlby und Collin Murray Parkes ein vierphasiges Modell vor, das 1982 von Verena Kast mit dem Modell von Kübler-Ross verschmolzen und – unter Einbezug von Elementen der analytischen Psychologie – zu einem ebenfalls vierphasigen Modell verarbeitet wurde. 1972 hatte Yorick Spiegel bereits ein psychoanalytisch orientiertes Modell der Trauerphasen vorgelegt. J. William Worden legte 1982 ein Modell vor, das aus vier Aufgaben der Trauerarbeit bestand und nicht als Phasenmodell zu verstehen ist. Dieses entwickelte er 1991 und 1996 weiter und ergänzte es um eine fünfte Aufgabe.

Trauerprozess in vier Phasen nach Kast [Bearbeiten]

Diese Einteilung erfolgt nach Verena Kast und basiert auf Empfehlungen von John Bowlby und Collin Murray Parkes. Diese Theorien rund um den Trauerprozess von Verena Kast lehnen sich stark an das Modell der Sterbephasen von

Kübler-Ross an und unterscheiden vier Phasen, die meist sukzessive und natürlich nicht streng voneinander getrennt ablaufen.

Erste Phase

Nicht-Wahrhaben-Wollen: Der Verlust wird verleugnet, der oder die Trauernde fühlt sich zumeist empfindungslos und ist oft starr vor Entsetzen: „Es darf nicht wahr sein, ich werde erwachen, das ist nur ein böser Traum!“ Die erste Phase ist meist kurz, sie dauert ein paar Tage bis wenige Wochen.

Zweite Phase

Aufbrechende Emotionen: In der zweiten Phase werden durcheinander Trauer, Wut, Freude, Zorn, Angstgefühle und Ruhelosigkeit erlebt, die oft auch mit Schlafstörungen verbunden sind. Eventuell setzt die Suche nach einem oder mehreren „Schuldigen“ ein (beispielsweise Ärzte, Pflegepersonal). Der konkrete Verlauf der Phase hängt stark davon ab, wie die Beziehung zwischen den Hinterbliebenen und dem Verlorenen war, ob zum Beispiel Probleme noch besprochen werden konnten oder ob viel offen geblieben ist. Starke Schuldgefühle im Zusammenhang mit den Beziehungserfahrungen können bewirken, dass man auf dieser Stufe stehenbleibt. Das Erleben und Zulassen aggressiver Gefühle hilft dem Trauernden dabei, nicht in Depressionen zu versinken. Weil in unserer Gesellschaft Selbstbeherrschung ein hoher Wert ist und abhängig von familiären und gesellschaftlichen Prägungen sogar die Tendenz bestehen kann, Trauer ganz zu verdrängen, bestehen oft große Schwierigkeiten, diese Phase zu bewältigen. Indem die adäquaten Emotionen auch tatsächlich erlebt und zugelassen werden, kann die nächste Trauerphase erreicht werden.

Dritte Phase

Suchen, finden, sich trennen: In der dritten Trauerphase wird der Verlorene unbewusst oder bewusst „gesucht“ – meistens, wo er im gemeinsamen Leben anzutreffen war (in Zimmern, Landschaften, auf Fotos, auch in Träumen oder Phantasien …). Mit der Wirklichkeit konfrontiert, muss der oder die Trauernde immer wieder lernen, dass sich die Verbindung drastisch verändert hat. Der Verlorene wird bestenfalls zu einem „inneren Begleiter“, mit dem man durch inneren Dialog eine Beziehung entwickeln kann. Im schlechteren Fall lebt der Trauernde eine Art Pseudoleben mit dem Verlorenen, nichts darf sich ändern, der Trauernde entfremdet sich dem Leben und den Lebenden. Wenn der Verlorene aber zu einer inneren Person wird, die sich weiterentwickeln und verändern kann, wird die nächste Phase der Trauerarbeit erreicht. Besonders hilfreich erweist sich, wenn in dieser Phase des Suchens, des Findens und des Sich-Trennens auch noch ungelöste Probleme mit der verlorenen Person aufgearbeitet werden können. Bisweilen kommt es in der dritten Phase auch zu Wutausbrüchen.

Vierte Phase

Neuer Selbst- und Weltbezug: In der vierten Phase ist der Verlust soweit akzeptiert, dass der verlorene Mensch zu einer inneren Figur geworden ist. Lebensmöglichkeiten, die durch die Beziehung erreicht wurden und die zuvor nur innerhalb der Beziehung möglich gewesen sind, können nun zum Teil zu eigenen Möglichkeiten werden.

Neue Beziehungen, neue Rollen, neue Verhaltensmöglichkeiten, neue Lebensstile können möglich werden. Dass jede Beziehung vergänglich ist, dass alles Einlassen auf das Leben an den Tod grenzt, wird als Erfahrung integrierbar. Idealerweise kann man sich dann trotz dieses Wissens auf neue Bindungen einlassen, weil man weiß, dass Verluste zu ertragen zwar schwer, aber möglich ist und auch neues Leben in sich birgt.

Trauerprozess in vier Phasen nach Yorick Spiegel [Bearbeiten]

Der systematische Theologe Yorick Spiegel beschrieb in seiner Habilitationsschrift von 1972 ebenfalls vier Trauerphasen; sie unterscheiden sich jedoch von den Phasen, wie sie Kast beschreibt.

Schockphase

Erster Schock nach der Todesnachricht. Diese erste Phase ist recht kurz, sie hat eine Dauer von einigen Stunden bis zu wenigen Tagen. Die Stärke des Schocks richtet sich vielfach danach, ob die Angehörigen die Todesnachricht unerwartet (bei Unfällen) trifft oder ob sie durch eine längere Krankheit auf diesen Tod vorbereitet waren. Doch trotz der Unterscheidungen lassen sich keine generellen Aussagen über die zu erwartende Heftigkeit des Schocks machen. Die Betroffenen nehmen in der Zeit nur relativ wenig von ihrer Umwelt wahr, ihr Verhalten nach der Todesnachricht ist höchst unterschiedlich. Sie sind oft nur schwer ansprechbar; je nach Schwere des Schocks zeigen sich Ansätze des Zusammenbruchs ihrer persönlichen Welt, doch wird das meist durch die Angehörigen unter Kontrolle gehalten. Unterstützung von anderen Angehörigen gibt dem Hauptbetroffenen die Möglichkeit, seine eigenen Gefühle zu kontrollieren: Dadurch ist bereits die nächste Phase bezeichnet. Für das Auslösen des Trauerprozesses und die Aufnahme des Trauerprozesses ist die Phase des Schocks sehr wichtig.

Kontrollierte Phase

Kontrolle der eigenen Emotionen durch verschiedene Aktivitäten (eigene und fremde); während dieser Phase wird eine zweifache Form der Kontrolle ausgeübt: Zum einen versucht der Trauernde seine Gefühle und Affekte zu beherrschen, zum anderen verstärken die Familienangehörigen und Freunde das Bemühen, damit ein möglicher Zusammenbruch verhindert wird und die nun notwendigen Schritte ohne größere Komplikationen vorgenommen werden können, wie die Organisation und Durchführung der Beerdigung. Diese und andere Leistungen gesellschaftlicher Art sollen den Trauernden soviel wie möglich entlasten, damit ihm die Selbstkontrolle erleichtert wird. Trotzdem erfährt sich der Trauernde in dieser Phase in starkem Maße als passiv und ist kaum in der Lage, eigene Entscheidungen durchzusetzen. Durch die starke Selbstkontrolle entsteht ein innerer Abstand zur Realität und unmittelbaren Umgebung des Trauernden, und gerade die Geschäftigkeit seiner Umgebung lässt ihn (den Trauernden) spüren, wie groß die Distanz zwischen ihr und ihm selbst geworden ist.

Zudem breitet sich hinter der kontrollierten Fassade des Trauernden ein Gefühl der Leere aus, das die Welt zwar intellektuell und praktisch anerkennt, jedoch emotional gewissermaßen leugnet. – Diese Leugnung oder Verdrängung der Situation ist ein Abwehrmechanismus, der in vielen Fällen die Selbstkontrolle aufrechterhält. Welch hohes Maß an Energie für diese Selbstkontrolle vonnöten ist, wird dadurch deutlich, dass die starke Konzentration der Kräfte allein auf den Punkt vielfach zu Kommunikationsstörungen führt. Der Trauernde spricht oft nur das Nötigste mit den ihn umgebenden Menschen; er erlebt diese (kontrollierte) Phase trotz aller Bemühungen und Rücksichtnahme auf ihn in einer unwirklichen Distanz zu seiner Umwelt und zu sich selbst. Das Ende der kontrollierten Phase ist angezeigt durch die Abreise der Verwandten und Freunde nach der Beerdigung.

Phase der Regression

Weitgehender Rückzug vom „normalen Leben", Auseinandersetzung mit der Trauer. In dieser Phase ist der Trauernde ganz auf sich zurückgeworfen. Die hilfreichen Aktivitäten der Umwelt haben aufgehört, und im schrittweisen Begreifen seiner Situation wird er mit dem völligen Zusammenbruch der gemeinsamen Daseinswelt mit dem Verstorbenen konfrontiert. Er reagiert darauf zum einen mit stark erhöhter Emotionalität und auch mit Aggressivität. Zum anderen zieht er sich sehr zurück und überlässt sich nach Aufgabe eines Teils der zuvor mühsam aufrechterhaltenen Selbstkontrolle mehr oder weniger der Hilflosigkeit.

Dem Entgegenkommen oder der Hilfe von Freunden oder Verwandten gegenüber verhält er sich oft abweisend, obschon er sich gleichzeitig ihre Hilfe wünscht. Zu den äußerlich beobachtbaren Symptomen zählen in dieser Phase Appetitlosigkeit (damit verbunden auch Anorexie, Gewichtsverlust, Verdauungsschwierigkeiten), Schlaflosigkeit, permanente Müdigkeit, vermehrtes Zurückgreifen auf Betäubungsmittel wie Alkohol, Nikotin und Medikamente. Um mit der aktuellen Krise fertig zu werden, versucht der Trauernde auf früher bewältigte Krisen zurückzugreifen, doch erweisen sich deren Bewältigungs- und Abwehrmechanismen zumeist als unzureichend. Demzufolge überlässt er sich der Hilflosigkeit und zieht sich ganz auf frühere Entwicklungsstufen zurück. Der Trauernde befindet sich in der Phase der Regression in einer Art „Zwischenzustand“, d. h. durch die noch nicht vollzogene Lösung vom Verstorbenen und die Zurückgezogenheit von den Lebenden ist es nicht zu entscheiden, welchem der Bereiche er mehr angehört. Die Ambivalenz dieser Situation verleiht dem Erleben und Empfinden des Trauernden eine große Unwirklichkeit.

In der Auseinandersetzung mit solcher Ambivalenz versucht der Trauernde mehr und mehr mit der Situation zu leben und sich auf die daraus ergebenden Konsequenzen einzustellen, womit schließlich die adaptive Phase eingeleitet wird.

Phase der Anpassung

Langsame Rückkehr ins Leben und neue Beziehungsfähigkeit. Der Trauernde versucht, langsam wieder in sein altes Leben zurückzukommen, aber der Verlust wird immer im Herzen bleiben. Doch der Trauernde kann sich nicht ewig zurückziehen.

Die Trauerbewältigung läuft in dieser Phase keineswegs kontinuierlich ab: Kurzzeitige Rückschritte in vorherige Stadien des Trauerprozesses sind möglich. Dabei kann die ganze Schwere der Trauer wieder da sein, doch klingen die Abschnitte meist schneller ab.

Die Trauerarbeit [Bearbeiten]

Der Trauerprozess ist kein passiver Vorgang, bei dem etwas mit einem geschieht; vielmehr muss der Trauernde aktiv werden und eine Reihe von Aufgaben lösen. Diese „Arbeit" gewährleistet erst einen „normalen" Trauerprozess; wird die Trauerarbeit nicht geleistet, ist der Abschluss des Trauerprozesses nicht mehr möglich. Pathologische Trauerverarbeitung ist die Folge.

Yorick Spiegel nennt folgende Aufgaben, die der Trauernde zu lösen hat:

Auslösung der Trauer,

Strukturierung,

Anerkennung der Realität,

Entscheidung zum Leben,

Expression unakzeptabler Gefühle und Wünsche,

Bewertung des Verlustes,

Inkorporation des Verstorbenen,

Chance der Neuorientierung.

Es lassen sich übrigens keine eindeutigen Aussagen darüber machen, zu welchem Zeitpunkt welche Aufgabe vom Trauernden in Angriff genommen werden soll. Teilweise überschneiden sich die Bereiche und müssen gleichzeitig angegangen werden; – aber der Trauernde kann ebenso eine ganze Zeit lang auf die Lösung nur einer bestimmten Aufgabe fixiert sein.
Des Weiteren ist der Trauerprozess individuell, also bei jedem Menschen anders. Manchmal werden die genannten Phasen nicht oder nur kaum merklich durchlaufen. Die Phasenmodelle sind somit nicht als statische Gegebenheiten anzusehen, sondern als Stütze für die Betroffenen ihren persönlichen Trauerprozess zu durchlaufen.
Trauersitten [Bearbeiten]

In den Vereinigten Staaten ist es üblich, an den Verstorbenen mit einem Aufkleber am Auto zu erinnern.

Trauerbeflaggung – z. B. Flaggen auf Halbmast vor dem Wiener Parlamentsgebäude
Moderne, säkulare Trauersitten im deutschsprachigen Raum [Bearbeiten]
Mit der Säkularisierung der Sepulkralkultur haben sich im deutschsprachigen Raum seit den 1970er Jahren auch die Trauersitten gewandelt. Trauerkleidung, die traditionell oft während der gesamten Trauerzeit getragen wurde, ist heute meist nur noch am Tage der Bestattung gebräuchlich. Aufwendige Zeremonien und selbst Grabsteine, die an den Verstorbenen erinnern, entfallen bei modernen

Bestattungsformen oftmals. An die Stelle eines Priesters tritt bei Bestattungen heute oft ein professioneller und nicht konfessionell gebundener Trauerredner. Moderne Trauerrituale sind das Pflanzen eines Erinnerungsbaumes oder das Aufstellen von Holzkreuzen oder Blumensträußen am Straßenrand nach einem tödlichen Unfall. Kreativ war seit den 1980er Jahren insbesondere die Gemeinschaft der Angehörigen von AIDS-Kranken, die an ihre Verstorbenen durch gemeinschaftlich handgenähte Quilts (AIDS Memorial Quilt) erinnert hat.[4]

Üblich ist für Trauernde auch heute das Bekanntmachen des Todesfalles in Form einer Familienanzeige oder durch gedruckte Trauerbriefe. Die Bandbreite moderner Formen der Kondolenz reicht von mündlichen Beileidsbekundungen, Beileidskarten und Kondolenzbucheinträgen über Blumen- und Kranzspenden (die auf Wunsch der Hinterbliebenen oft durch Geldspenden an gemeinnützige Einrichtungen ersetzt werden) bis hin zu Kondolenzeinträgen auf virtuellen Friedhöfen. Für empfangene Beileidsbekundungen bedanken die Hinterbliebenen sich in einer weiteren Zeitungsanzeige oder gedruckten Karten oder Briefen.[5]

Trauerbegleitung wird heute vielfach nicht nur von Angehörigen, Freunden, Bekannten und Seelsorgern geleistet, sondern auch von Psychotherapeuten, Selbsthilfegruppen, Trauernetzwerken und von Bestattern, die Mitarbeiter in speziellen Seminaren schulen lassen.[6]

Weitere Trauersitten im deutschsprachigen Raum [Bearbeiten]

Trauerbeflaggung

Trauerflor

Trauerschleier

Trauerzettel

Trauerzug

Christentum [Bearbeiten]

Aus der Sicht des christlichen Glaubens ist Trauer eine menschliche Befindlichkeit und kann durch Gebet eine andere Dimension einschließen. Solidarität mit den Trauernden wird zu einer besonderen Form der Nächstenliebe – und jeder könne dazu beitragen, indem er einer trauernden Person nicht aus Scheu den Kontakt oder ein Gespräch verweigert.

Indien [Bearbeiten]

Im Hinduismus wird der Tod nicht als Ende, sondern als Übergang in einen anderen Daseinszustand begriffen. Auf die Bestattung folgt eine etwa 13tägige Trauerzeit. Die Familie des Verstorbenen gilt in dieser Zeit als unrein. Neben rituellen Bädern ist es üblich, dass männliche Angehörige (besonders Söhne) sich am zehnten Tag den Kopf rasieren lassen. Die Angehörigen dürfen in der Trauerzeit ihren Gefühlen freien Lauf lassen, aber nicht an religiösen Zeremonien teilnehmen. Auch gewisse Lebensmittel (Süßigkeiten) sind ihnen nicht erlaubt. Durch diese Maßnahmen soll sichergestellt werden, dass die Seele des Verstorbenen ungehindert zu ihrer neuen Form aufsteigen kann. Gebräuchlich ist auch das – tatsächliche oder symbolische – Spenden einer Kuh. Die traditionelle Farbe der Trauer ist Weiß. Personen, die dem Verstorbenen oder den Angehörigen nahestehen, kondolieren persönlich und bringen Blumen, die dem Toten, falls er im Hause aufgebahrt ist, zu Füßen gelegt werden; entferntere Bekannte schicken Blumen und eventuell eine Karte. Am ersten Jahrestag nach dem Tod wird die Shraddha-Zeremonie durchgeführt, bei der die Trauernden Gott und dem Verstorbenen eine Opferspeise darbringen.[7]

Traditionelle Trauersitten in China [Bearbeiten]

Auch in China gilt der Tod traditionell nicht als Ende, sondern als Übergang der Seele in ein ewiges Dasein. Der älteste Sohn der Familie des Verstorbenen hat, weil er den Fortbestand der Familienlinie garantiert, auch bei den Trauersitten eine Schlüsselfunktion. Er ist es, der von Haus zu Haus geht, und – niederknieend – die Todesnachricht den Nachbarn und Angehörigen überliefert. Es ist sehr üblich und wird erwartet, beim Erhalt einer Todesnachricht und während der Trauer laut zu weinen und zu wehklagen, selbst wenn man nicht wirklich traurig ist. Dies gilt besonders für den ältesten Sohn. Unüblich ist es hingegen, über seine Trauer zu sprechen; viel über Gefühle zu sprechen, gilt in China traditionell als ungesund.

Der Sarg mit dem Verstorbenen wurde traditionell im Haus oder Innenhof der Angehörigen zu einer mindestens einwöchigen Totenwache aufgebahrt; die Angehörigen durften in dieser Zeit weder Schmuck noch rote Kleidung tragen. Kinder und Schwiegertöchter – von denen erwartet wurde, dass ihre Trauer am größten sei – trugen Schwarz und eine Haube aus Sacktuch, Enkel trugen Blau und Urgroßenkel Hellblau. Schwiegersöhne wurden als Außenstehende angesehen und durften hellere Farben tragen.

Blutsverwandte und Schwiegertöchter hatten während der gesamten Totenwache laut zu weinen und zu wehklagen.
Nach der Bestattung begann traditionell eine 100 Tage dauernde Trauerzeit. Um ihre Trauer anzuzeigen, trugen die Angehörigen in dieser Zeit ein Stück farbigen Stoff am Ärmel: die Kinder Schwarz, die Enkel Blau und die Großenkel Grün. In sehr traditionsbewussten Familien wurden die farbigen Stoffstücke bis zu drei Jahre lang getragen. In den ersten 49 Tagen durften die Nachkommen des Verstorbenen nicht ihr Haar schneiden. Besondere Regeln galten auch für den ältesten Sohn der Familie, der in den ersten sechs Monaten nach der Bestattung weder die Farbe Rot tragen noch heiraten durfte. Verlangt war eine Trauerzeit nur beim Tode hochrangiger Familienmitglieder; wenn ein Kind oder eine Ehefrau verstarb, konnte sie ganz entfallen.
Eine weitere chinesische Besonderheit ist das alljährliche Qingming-Fest, ein Totengedenkfest, bei dem den bestatteten Verstorbenen Blumen und Geschenke gebracht werden.[8]

Literatur [Bearbeiten]

Publikationen in Buchform [Bearbeiten]

Karl-Ernst Apfelbacher: Selig die Trauernden. Kulturgeschichtliche Aspekte des Christentums. Friedrich Pustet, Regensburg 2002, ISBN 3-7917-1797-9.
Sylvia Brathuhn: Trauer und Selbstwerdung. Eine philosophisch-pädagogische Grundlegung des Phänomens Trauer, Würzburg 2006 (zugleich Hochschulschrift: Koblenz, Landau, Univ., Diss., 2005), ISBN 3-8260-3387-6.

Jorgos Canacakis: Ich sehe deine Tränen – Trauern, Klagen, Leben können. Stuttgart, 1987, ISBN 978-3783108774.

Christine Fleck-Bohaumilitzky: Wenn Kinder trauern. München 2003, ISBN 3-517-06698-2.

Sigmund Freud: Trauer und Melancholie, in: Studienausgabe, Bd. III, Erscheinungsjahr 1915, S. 193–194.

Peter Godzik (Hrsg.): Der eigenen Trauer begegnen. Ein Lebens- und Lernbuch, Steinmann-Verlag, Rosengarten b. Hamburg 2011, ISBN 978-3-927043-45-9

Verena Kast: Sich einlassen und loslassen. Neue Lebensmöglichkeiten bei Trauer und Trennung. Herder, Freiburg 1994, 2008, ISBN 978-3-451-04261-4.

Florian Russi (Hrsg.): Im Zeichen der Trauer. Tröstungen für Hinterbliebene. Weimar 2006, ISBN 3-937601-27-9.

Yorick Spiegel: Der Prozeß des Trauerns. Analyse und Beratung. Gütersloh 1973, ISBN 3-579-05060-5.

Joachim Wittkowski: Psychologie des Todes.(= Wissenschaftliche Buchgesellschaft, Forum, Band 56) Darmstadt 1990, ISBN 3-534-80128-8

Joachim Wittkowski (Hrsg.): Sterben, Tod und Trauer. Grundlagen, Methoden, Anwendungsfelder. Stuttgart 2003, ISBN 978-3-17-017189-3.

William James Worden: Beratung und Therapie in Trauerfällen. Bern u. a. 1986, (1998 neu erschienen bei Huber) ISBN 3-456-81484-4.

Beiträge in Sammelwerken und Zeitschriftenartikel [Bearbeiten]

Chris Paul: Trauerprozesse benennen, in: Chris Paul (Hrsg.) Neue Wege in der Sterbe- und Trauerbegleitung.

Hintergründe und Erfahrungsberichte, vollständig überarbeitete und ergänzte Neuauflage, Gütersloh 2011, ISBN 978-3-579-06835-0, S. 69–84. (Klärt die Begriffe „nicht erschwerte" – „erschwerte" – „komplizierte Trauer"/„verlängerte Trauerstörung", „traumatische Trauer")

Fachzeitschrift [Bearbeiten]

Leidfaden. Fachmagazin für Krisen, Leid Trauer, Göttingen, ab 2011, (Heft 0, 2011) ISSN 2192-1202

Weblinks [Bearbeiten]

Wikiquote: Trauer – Zitate

Wiktionary: Trauer – Bedeutungserklärungen, Wortherkunft, Synonyme, Übersetzungen

Commons: Grief – Sammlung von Bildern, Videos und Audiodateien

Trauer – Psychosoziale Gesundheit

Einzelnachweise [Bearbeiten]

↑ Meyers Großes Konversations-Lexikon: „Trauer" auf Zeno.org

↑ Carmen Stäbler: Abschied vom geliebten Tier - Ein Ratgeber für den Umgang mit Trauer. 2004

↑ Anja Haegele: Gestorben wird immer. Pietätlos oder hilfreich? – Reiseveranstalter entdecken Trauernde als Zielgruppe. In: Die Zeit 19/2010 vom 6. Mai 2010, Seite 66 (online auf zeit.de)

↑ Zwischen Ritual und Individualität

↑ Todesanzeigen

↑ Trauerbegleitung

↑ Antyeshti: Funeral Rites; Sharing in another's grief; The Journey of a Lifebody; In Action – Seven days in the quake zone

↑ Chinese Funeral Customs Multicultural Interview - Grief in the Chinese Culture; Chinese Beliefs

Diese Seite wurde zuletzt am 24. Mai 2012 um 14:47 Uhr geändert.

Von

http://de.wikipedia.org/w/index.php?title=Trauer&oldid=103607365

Kategorien:

Trauer Emotion

(Alternative) Anschauungen von menschlichem Leben und Tod – und Leben bzw. Sinn auch nach dem Tod

Erstaunlicherweise können, zumindest in Deutschland, nach div. wissenschaftlichen Untersuchungen nicht mehr Menschen, die an ein „Leben nach dem Tod“ glauben besser mit Sterben und Tod umgehen (als Menschen, die nicht daran glauben). Allerdings kenne ich doch sehr viele Menschen, die an ein „Leben danach“ glauben, denen das sehr hilft beim Umgang mit Sterben und Tod. Sowohl des eigenen als auch des nahestehender Menschen. Das würde mir wohl auch so gehen. Wenn ich davon überzeugt wäre, dass ich meine Liebsten wiedersehe im „Himmel“ oder wo auch immer. Allerdings fehlt mir der Glaube daran. Ich möchte diesen aber auch keinem Menschen nehmen, als zumindest Hoffnung – die ich auch etwas habe - oder Trost. Zumal, auch ganz, rein wissenschaftlich betrachtet, ja durchaus gilt:

„Niemand kennt den Tod. Es weiss auch keiner, ob er nicht das größte Geschenk für den Menschen ist“.

(Sokrates).

Also haben es (unsere) Verstorbene ja vielleicht wirklich gut. Vielleicht ...

Allerdings sind Illusionen oder (eventuell) falsche, zumindest nicht zweifelfreie, Hoffnungen für sehr viele Menschen auch nicht hilfreich. Und einen Beweis für ein „Leben danach“ gibt es bisher ja, zumindest wissenschaftlich betrachtet, bis heute nicht. Einen Gegen-Beweis allerdings ja auch nicht (das kann es ja auch kaum). Und solange der nicht erbracht ist kann ja auch wissenschaftlich nicht ausgeschlossen werden, dass es das gibt. Insofern kann eigentlich jeder Mensch doch auch hoffen, dass es dieses Leben danach gibt. Das Schlimmste was dann passieren kann ist ja, dass es dann nach dem Tod ein „böses Erwachen“ gibt (wenn es doch kein Leben danach gibt). Dann wird man davon aber auch nicht mehr viel mitbekommen, darunter leiden müssen ... Insofern wäre wirklich wohl auch psychologisch gesehen erstrebenswert solange man lebt sich diese Hoffnung zu erhalten, damit vielleicht Angst vor dem Tod, Trauer über Tod, Verstorbene (etwas) lindern zu können. Warum eigentlich nicht? Die Realität, dass Verstorbene nicht mehr auf Erden weilen, kann ja davon unbenommen bleiben. Und die ist auf jeden Fall schon hart und meistens schmerzlich genug.

Interessant ist allerdings die Beschäftigung mit einer (der bedeutendsten) atheistischen Weltanschauung, die da doch zumindest etwas zur Vorsicht mahnt, zumindest gesamtgesellschaftlich gesehen. Bzw. auch Anreiz dazu gibt, zumindest sicherheitshalber – falls es doch nur das gibt - (auch) das „diesseitige“ (Leben) zu nutzen, was ja auch einige Religionen zumindest teilweise fordern. Und auch „nur“, schon darin Sinn zu sehen. Wie etwa auch im Gedicht Bert Brechts „gegen Verführung“ („Laßt euch nicht verführen... Es gibt keine Wiederkehr(...“) zu lesen oder bei allen anderen Appellen das Leben *jetzt* zu nutzen, auch mit Mitmenschen- auch da man – zumindest vielleicht oder wahrscheinlich – kein anderes mehr hat (im „Jenseits“)- wie ja auch z. B. in o. g. Liedern von B. Jovi oder Kansas empfohlen. Und das auch möglichst jeden Tag, da das ja wirklich auch immer der letzte sein könnte durch einen dummen Unfall oder was auch immer. Und da eben ja auch wirklich jeder Tag der erste ist vom Rest seines Lebens ... Dem man wiederum auch die Chance geben sollte noch ein glücklicher zu werden, wie es ja auch in bekannten Sprichwörtern heißt. Zumal der letzte Eindruck ja oft am meisten in Erinnerung bleibt und ja auch gilt, last, not least: „Sage nicht: `Wenn ich Zeit dazu habe, vielleicht hast du nie Zeit dazu. Wenn nicht jetzt, wann dann?“ (aus dem Talmud). In der Tat: Sich zu sagen und zeigen, dass man sich schätzt, mag, liebt sollte man sicher oft genug. Vielleicht ist es ja auch immer die letzte Möglichkeit dazu ... zumindest auf Erden. Auch wenn es auf jeden Fall auch darüber hinaus, egal ob es ein „Leben danach“ gibt oder nicht, weiter gehen kann, da eben auch Liebe – auch in ihrem Ausdruck als Trauer- letztlich unauslöschlich ist, zumindest im Herzen und auch durch Dialektik von Trauer und Liebe: „Da ist ein Land der Lebenden und da ist ein Land der Toten. Die Brücke zwischen ihnen ist die Liebe, das einzig Bleibende, der einzige Sinn“ (Thornton Wilder).

In der Tat. Wie auch immer dieses „Land der Toten“ aussehen mag – bzw. Brücken dorthin - auch wenn es „nur“ in unseren Gedanken, Erinnerungen, Herzen existiert. Aber das ist es ja auch, das zählt ...

Allerdings reicht - selbst bei gläubigen Menschen, wenn sie in tiefer Trauer sind- oft doch nicht gänzlich hilfreich die – vielleicht ja doch vage, nur – Hoffnung, dass man Verstorbene wiedersieht nach dem Tod. Und es ist zumindest dann ja nicht uninteressant, was dann andere Weltanschauungen da vielleicht dann doch noch an interessanten Aspekten zu bieten haben. Zumindest zusätzlich.

Es gibt ja, s. oben, auch viele kulturelle und religiöse unterschiedliche Betrachtungen (vgl. Wikipedia-Artikel dazu). Darüber hinaus aber auch noch weitere philosophische bzw. weltanschauliche. Und eben auch solche, die im Gegensatz zu den bei Wikipedia genannten auch davon ausgehen, dass es kein „Jenseits" (und Wiedersehen dort) gibt.

O. g. Ansatz, der atheistische und dessen wohl, zumindest quantitativ, bedeutendster Vertreter - der marxistische- gibt beispielsweise darüber hinaus zudem auch noch weitere interessante Aspekte zu Sterben, Tod bzw. auch Umgang damit und dem Leben, dessen Sinn überhaupt. Auch aus atheistischer, nicht-religiöser, Sicht. Gerade für Menschen die (wie auch ich) nicht in einem Land – bzw. Teil unseres Landes - des ehem. (sogenannten bzw. angeblichen, vermeintlichen) „realen Sozialismus" aufgewachsen sind mit entsprechenden „marxistischen" Theorien ist das wirklich interessant, teilweise neue Gedankenanstöße. Aber auch für dort aufgewachsene Menschen mag interessant sein was Marxisten dazu sagten, die das was z. B. in der DDR passierte bzw. dazu gesagt wurde gar nicht als „marxistisch" gesehen haben. Deshalb, auch da es dazu (zumindest nach meinen Recherchen) gar nicht so viel an wirklich relevanter Literatur gibt, Möglichkeit sich ansonsten einfach darüber zu informieren, hier nun auch noch etwas ausführlichere diesbezügl. Gedanken bzw. Denkanstöße, Informationen- die doch zumindest für einige Menschen, aus o. g. Gründen gerade auch in Deutschland, wohl schon interessant und hilfreich sein könnten.

Die Frage nach dem Sinn des Lebens oder die, was/ob etwas nach dem Tod kommt, ist ja sicher, natürlich, auch eine der ältesten und wichtigsten der Menschheit. U. a. Philosophen, Natur- und Geisteswissenschaftler unterschiedlichster „Herkunft“ beschäftigten sich damit. Antworten darauf sind kulturell, weltanschaulich u. a. bedingt zumindest teilweise verschieden (dies und viele interessante soziologischen Aspekte, z. B. auch i.V. m. der Frage, inwieweit die Fragen von Sterben und Tod mit unterschiedlichen gesellschaftlichen Strukturen, Systemen, Weltanschauungen bzw. Ideologien u.a. verknüpft sind, untersucht z. B. auch Klaus Feldmann in „eine soziologische Betrachtung von Sterben und Tod“, Hagen 1994). Weiteres dazu allgemein z. B. bei H. Korte (vgl. Literaturverzeichnis).

So dürfte auch z. B. die Auseinandersetzung mit der marxistisch (-leninistischen) Betrachtung der Religion als „Opium des Volkes“, für religiöse wie nicht-religiöse Menschen interessant sein, in Verbindung mit der m.l. „Alternative“, des Kampfes für ein „Paradies *auf Erden*“ (als Alternative für eine als demnach illusionär dargestellte Vertröstung auf eine „jenseitige Erfüllung“.)
Um die Problematik, bei Interesse auch zur Anregung für eigene weitere Überlegungen bzw. Studien, an einem Beispiel aufzuzeigen, sei hier kurz aus dem Werk von Edwin Hoernle zitiert. Denn dieser war, interessanterweise, ursprünglich Theologe (und SPD-Mitglied), dann aber auch Mitgründer der Kommunistischen Partei Deutschlands

(KPD). In „Grundfragen proletarischer Erziehung“ (Hoernle, März Verlag, Frankfurt 1971) schreibt er (ebenda, S. 212 ff, zum Thema Entwicklung der Weltanschauung) u. a.: „Der Tod kann uns nicht schrecken ... Die proletarische Weltanschauung birgt ein heroisches, titanisches Moment in sich: Die Furcht vor der Tiefe, das trotzige Aufbäumen gegen die malmende Wucht des Schicksals. In Hunderten von Beispielen redet die Geschichte der proletarischen Revolution und ihrer Vorkämpfer von diesem Heroismus zu uns und unseren Kindern. Darin liegt das Vermächtnis unserer Toten an die Lebenden. Darin besteht die Religion der Religionslosen“.

Dies ist wohl eben z. B. durchaus auch eine interessante und evtl. überlegenswerte, dialektische („Religion der Religionslosen“) Anschauung, die Antworten auf existenzielle Fragen geben könnte- zumindest für „Religionslose“. Aber eben auch, was im Folgenden etwas weiter ausgeführt werden soll, auch viele neue zu beantwortende Fragen aufwirft (und vielleicht auch einige interessante Antworten wiederum auch dafür gibt). Evtl. auch für religiöse Menschen.

Dass die m.l. Anschauung von „illusionierenden“ Versprechungen auf z. B. „jenseitige Paradiese“ u. a. „scheinbare Lebenssinne“ durchaus nicht uninteressant ist, zumal viele – auch religiöse- Menschen sich heutzutage fragen, ob es wirklich einen Gott gibt, der all die weltlichen Ungerechtigkeiten – auch bezüglich „the good die (too) young“ - zulassen kann und es immer mehr Kritiken daran gibt, was zumindest im Namen der Kirche gemacht wird (z. B. „Glaubenskriege“, unrühmliche Rolle der Kirchen z. B. in faschistischen Systemen, ... oder auch bezüglich Aids bzw. Verhütungsmitteln usw.). Zumindest eine Auseinandersetzung damit sich auch deshalb lohnt. Das soll hier also exemplarisch gezeigt werden. Ebenso aber auch einige Probleme bzw. ggfs. offene Fragen, die daraus entstehen, angesprochen werden. So z. B. die ob die „Alternative“ eines (atheistisch bzw. auch sozialistisch, marxistisch) “diesseitig erfüllt“ geführten Lebens wirklich eine ausreichende, „befriedigende“ Antwort z. B. auf den Sinn des Lebens oder Fragen/ Hoffnungen nach dem „was kommt danach“ bzw. “wofür das Ganze“ (Leben – und damit auch Tod) und somit wirklich „Lebenssinn gebend“, eine echte „Alternative“ eben, sein könnte. Auch für Umgang mit dem Lebens-Ende, Trauer. Und evtl. ja sogar etwas Trost.

Atheistische (marxist.) Anschauung des „Lebenssinns“ und Todes

1. Die Vorstellung vom (menschlichen) Leben

Die Bewegung ist demnach die Daseinsform der Materie, wobei Bewegung ein abstrakter Begriff ist, der „alle im Universum vorgehenden Veränderungen und Prozesse, von der bloßen Ortsveränderung bis zum Denken“ (F. Engels, in Werken von Marx/Engels („MEW“) Band 20, S. 354) umfasst. Es gibt keine Bewegung ohne Materie, keine Materie ohne Bewegung. Dies wird mit naturwissenschaftlichen Erkenntnissen belegt- etwa damit, dass Energie nicht in „Nichts“ verloren gehen kann. Und dass eine Bewegungs- bzw. Existenzform in andere übergehen kann. Auch im scheinbaren „Ruhezustand“ ist eine bestimmte Materieform in Bewegung- entweder selbst, es findet in der Materieform selbst (z. B. durch chemische u. a. Prozesse) Bewegung statt oder es bewegt sich in Bezug auf andere Materieformen des Universums (z. B. der sich bewegenden Sonne oder anderer Menschen etc.).

Dabei ist alle Bewegung *Selbst*-Bewegung, sie bedarf keines „ersten Anstoßes“, keines „Erzeugers“- ihre Quelle sind innere Widersprüche, die allen Arten und Formen der Materie eigen sind, beispielsweise durch Stoffwechselprozesse. Der Beginn des Lebens auf der Erde ist z. B. ohne (göttlichen) „Schöpfer“ alleine schon erklärbar aus geologisch, klimatisch veränderten Bedingungen auf der Erdoberfläche, dadurch erfolgten Eiweißbildung sozusagen als qualitativen Sprung vorangegangene quantitative Veränderungen- eben „Leben ist die Daseinsweise der Eiweißkörper“ (Engels, MEW, 20, S.75).

Aus dem zuvor Dargestellten könnte also abgeleitet werden, dass Materie letztendlich unzerstörbar ist. Auch der Mensch als eine Daseinsform hiervon kann also auch nach seinem Tod nicht in „Nichts“ aufgelöst werden - und seine Existenz hat *an sich* einen Sinn bzw. „Inhalt“, ist Bestandteil etwas

„Gehaltvollen", ewig währenden (der Materie). Er handelt und lebt grundsätzlich im Einklang mit der Natur, wenn er seine o. a. „Historische Mission" erfüllt bzw. sich in Einklang und Wechselwirkung mit der Natur selbst stets weiterentwickelt, Teil einer sinnvollen „Bewegungsform" der Materie wird, bleibt.

Aber was ist dann mit „ungerechtfertigter" Zerstörung, etwa durch faschistischen Terror, Mord, oder z. B. „sinnlosen" Zerstören, etwa durch Niedertrampeln von wertvollen Pflanzen u.a.?

Die Antwort ist eben, was man als „im Sinn der Natur" versteht, und was nicht- also wiederum eine der Weltanschauung. Die Frage nach der „sinnvollen" oder „sinnlosen" Zerstörung beantwortet der M.L. u. a. mit den dialektischen Prinzipien der „Negation der Negation" in Verbindung mit dem Gedanken der Höherentwicklung, der „nach vorne gerichteten Bewegung" und dem „Umspringen von Quantität in Qualität". Ein Mensch, der eine Pflanze isst macht dies z. B. nicht nur um zu zerstören, Leben zu „verneinen"(„Negation") - sondern zerstört, um Neues zu schaffen, Stillstand bzw. Nicht-Bewegung/Nicht-Leben zu verneinen, letztlich positiv also sozusagen (durch „Negation der Negation"). Materie also „weiterzunutzen", „höher zu entwickeln", quasi *nicht zu zerstören* - sondern in Höheres, Erweitertes zu *integrieren, erhalten.* Der Mensch als demnach höchstes Entwicklungsprodukt der Materie ist dazu sozusagen „legitimiert" bzw. gezwungen- um seinen Bestand und somit die höchstentwickelte Form der Materie zu sichern, erhalten und fortleben/sich weiter entwickeln zu lassen. Durchaus also auch teilweise etwas „darwinistische“ Gedanken. Diese sollten sich im „echten“ M. L. (den Gedanken, zumindest Werken, von Marx, Engels und Lenin folgend) allerdings nicht wie z. B. bei Faschisten, die dies zu Herrenrassen- und dergl. Theorien missbrauchten „nutzen“ lassen (auch wenn ich natürlich keineswegs behaupten möchte, dass auch im Namen des M.L. nicht ungerechte, faschistische Taten/Morde ausgeübt wurden. Den imperialistischen Krieg der ehemaligen Sowjetunion z. B. in Afghanistan u. a. als „gerecht“ zu bezeichnen würde – ebenso wie allerdings auch den z. B. der USA in Vietnam usw. - Marx, Engels und Lenin sich zumindest nach deren Schriften sicherlich „im Grabe umdrehen“ lassen, denn das hat zumindest mit ihren veröffentlichten Ideen zu Völkerfrieden u. a. sicherlich nichts zu tun). Dies widerspricht dem ganzem M.L. „Gesellschaftsbild“, wo ein „Paradies auf Erden“ für alle arbeitenden Menschen, im friedlichen Miteinander im gemeinschaftl. Arbeiten, schöpferischen Tätigkeit im Einklang mit der Natur stattfinden soll- wofür solidarisch jede Kraft genutzt werden soll. Dieses „Weltbild“ entbehrt also doch keineswegs einem „Inhalt“, einem Sinn des menschlichen Tuns bzw. Lebens, inkl. entsprechender Moral u. a.

Im Gegenteil. Es wird nur nicht „idealistisch“ (oder sozusagen „romantisch verklärend“, je nach persönlichem Standpunkt) begründet, wohl aber mit den genannten „Inhalten“/ Idealen, hohen Werten (die sich zumindest teilweise auch auf den Humanismus berufen). Sozusagen

„der Natur ihren Lauf zu lassen", diese schöpferisch zu bearbeiten- wozu man kein „Höheres, Sinn gebendes Wesen" benötigt, denn der Mensch ist Teil der Natur- indem er ihre Gesetzmäßigkeiten und die der Gesellschaft anerkennt, die Natur produktiv verändert, nutzt und sein gesellschaftliches Leben bewusst reguliert, erkennt und entwickelt er zugleich seine Fähigkeiten und Möglichkeiten, verändert (und „erfüllt") sich selbst. Und der Mensch bzw. die Natur, Materie (deren Teil der Mensch auch ist) macht, hat so schon selbst, von alleine, Sinn- in solch einer sogenannten „materialistischen Weltanschauung" (hier von „Materie" abgeleitet).

Der Mensch /das Volk braucht kein „Opium", er kämpft, siehe oben, für das Paradies *auf Erden* und nicht ein (nur eventuelles bzw. illusionäres, Menschen in die Irre führendes – wie auch in o. g. Brecht-Gedicht beschrieben- betrügendes, als „Opium für das Volk") Paradies im Jenseits. Außer dass das „Diesseits", Leben jetzt, alleine so den beschriebenen Sinn selbst hat, soll man sich jedenfalls auch demnach nicht von „jenseitigen" Vertröstungen vom Einsatz vom „diesseitigen" Kampf für Menschenrechte, Gerechtigkeit, Frieden u. a. auf Erden abhalten lassen. Das ist ja sicher nicht verkehrt ... (wie ja z. B. auch der „schwarze" Bürgerrechtler - und Theologe- Martin L. King betonte: „Kein Problem wird gelöst, wenn wir träge darauf warten, dass Gott allein sich darum kümmert"). Wie es - der ja auch sehr gläubige- Xavier Naidoo auch ausdrückt, wenn er singt („alles kann besser werden",) „holen wir uns den Himmel auf Erden (...)".

Die Materie ist demnach auch endlich, was ihre verschiedenen Formen angeht, konkrete Ausdrucksformen, Prozesse, Gegenstände, Lebewesen. Sie sind räumlich und zeitlich begrenzt. Zugleich ist sie nach dieser dialektischen Auffassung allerdings wiederum unendlich, da sie unerschöpflich ist, in einem ewigen, nicht endenden Entwicklungsprozess (also doch etwas, das in diesem Sinne nicht zugrunde geht?!). Der M. L. knüpft hierbei an Gedanken von G.W.F. Hegel an, wonach das Unendliche über das Endliche erkannt werden kann. Das Unendliche zeigt sich in endlichen, räumlich und zeitlich begrenzten Erscheinungsformen, Gegenständen etc. Diese sind nicht „unbegrenzt“- ab einer bestimmten quantitativen Grenze können sie diese Grenze nicht mehr ausweiten, ohne eine andere Qualität, d. h. Daseinsform annehmen zu müssen: “Die Unendlichkeit ist ein Widerspruch und voll von Widersprüchen. Es ist schon ein Widerspruch, dass eine Unendlichkeit aus lauter Endlichkeiten zusammengesetzt sein soll, und doch ist dies der Fall ... Eben weil die Unendlichkeit ein Widerspruch ist, ist sie unendlicher, in Zeit und Raum ohne Ende sich abwickelnder Prozess. Die Aufhebung des Widerspruchs wäre das Ende der Unendlichkeit“ (F. Engels, MEW Bd. 20, S.48).

Wäre eine konkrete Form der „Unendlichkeit“ selbst unendlich, so wäre das also das Ende der Unendlichkeit. Wahrlich nicht einfach zu verstehen (ich hoffe ich tue das zumindest einigermaßen richtig- auch nach längerer

Beschäftigung, auch im Studium, damit nicht einfach). Macht man sich dies beispielhaft, bildlich klar, entbehrt es aber auch nicht an Logik, Sinn. Klar wird aber, dass nach den nun erörterten m.l. Ansichten das Leben selbst, alleine durchaus Sinn hat, ebenso wie seine Endlichkeit- zumal beides Teil eines unendlichen Prozesses (der Materie) ist.

Der Sinn besteht demnach schon (nur) im Leben, im Fortbestehen, in der „Bewegung" der Materie selbst (was unromantisch klingen mag – oder gerade eigentlich sehr romantisch, je nach Ansichtsweise).

Und der Mensch als „Naturprodukt" bildet hier keine Ausnahme. Er ist das höchstentwickelte „Naturprodukt", das sozusagen seine Tätigkeit und die Abläufe in Natur und Gesellschaft reflektieren kann, sogar „ein-sichtig" schöpferisch in Einklang mit der Natur tätig werden kann (dadurch allerdings auch in der Lage zu unnatürlichem, Destruktivem sein kann- also nur Negation, Negativem. Statt Positivem durch „Negation der Negation", Verneinung des Negativem also- wie es ja auch bei Goethes Faust, Mephisto beschrieben wird). Und diese bewusste, schöpferische Tätigkeit kann durchaus als (an sich) sinnvoll bezeichnet werden. Wozu auf Unendlichkeit und auf einen „Sinn gebenden" Schöpfer warten bzw. hoffen, wenn zumindest unsicher ist, dass es einen solchen gibt- und man selbst schöpferisch tätig sein kann und die eigene Existenz Teil eines unendlichen, selbst sich ständig weiter entwickelnden, stets neues entwickelnden schöpferischen Daseins ist? Gibt es dann wider Erwarten nach dem Tod doch mehr als gedacht – umso besser. Nötig ist dies nach dieser Theorie, Anschauung aber also nicht unbedingt.

2.

Der Wunsch nach „dem Leben danach“ bei Marxisten

Spricht hier diesbezüglich z. B. Kolakowski, ein in der ehem. DDR und Sowjetunion verbotener kritischer Marxist, grundsätzlich von „kapitalistischen Gesellschaftssystemen“, wo Menschen unter unguten, kaum Sinn gebenden Umständen leben, heißt das aber nicht, dass sozialistische Staaten- zumindest phasenweise- nicht mit solchen Erscheinungen zu kämpfen haben: „Solche Gefahren entstehen auch unter sozialistischen Lebensbedingungen, sooft in ihnen Elemente der konservativen Trägheit, der Monopolisierung des sozialen Schaffens und des Schwundes der Wirkung der Masseninitiative auftreten. Von diesem Gesichtspunkt aus gesehen wird das Problem des „Sinnes des Lebens“ als einer soziologisch bedingten Erscheinung zu einem politischen System... denn der Mensch erlebt sein Leben als sinnvoll nur dann, wenn er fühlt, wie in ihm selbst und durch seine freie Tätigkeit der Puls der Geschichte schlägt(…). Zumal, wie er an dieser Stelle auch verdeutlicht, (…)“das Verlangen, einen Sinn des Lebens zu finden ist ein allgemeiner und wirklich menschlicher Hunger ...“ (Kolakowski, S.186).

Kolakowski spricht hier einige durchaus interessante Aspekte an (und wohl auch Kritiken an dem, was da in der

DDR und dergl., dem (angeblich) „realen Sozialismus", als „marxistisch" verkauft wurde bzw. was dort mit Initiativen der Menschen gemacht wurde). Und: Der Zusammenhang von gesellschaftlichen „Entfremdungseffekten" bzw. objektiven gesellschaftl. Bedingungen, die den Menschen seine „schöpferische Tätigkeit" nicht erlauben und so immer mehr einen Lebenssinn fraglich machen, der Aspekt des Entfremdungseffektes von Menschen in kapitalistischen Gesellschaftssystemen - und auch, dass auch sozialistische Systeme hiervon nicht „gefeit", ungefährdet sind. Auch wenn man von den Ideen des M. L. überzeugt wäre, so ist doch durchaus ja mit der m.l. Theorie vereinbar, dass natürlich nicht am Tag nach einer (sozialistischen) „proletarischen Revolution" das sozialistische/ kommunistische Bewusstsein, auch bezüglich Lebenssinn u. a. und entsprechende Bedingungen gleich sofort vorhanden wären. Jahrhundertelange, Generationen übergreifende Erziehung u. a. zuvor prägen dann ja noch die Menschen, Entfremdungserfahrungen sind nach wie vor in den Köpfen der Menschen. Zumal der Sozialismus der marxist. Theorie nach nur eine *Übergangsform* zum Kommunismus ist und im Sozialismus noch lange nicht „das Paradies auf Erden" verwirklicht ist. Das ist dort sozusagen erst, nur das Ziel. Zumal, auch wenn darum gekämpft wird, es sicher Anlaufschwierigkeiten, auch wirtschaftliche Probleme oder Zugeständnisse geben wird. Natürlich ist es aber ein Unterschied, ob das Volk tatsächlich die Macht hat oder – wie ja auch z. B. in der DDR und dergleichen, zumindest am Ende - nicht. Im

„echten“ Sozialismus sollten die Menschen von Anfang an „fühlen, wie in ihm selbst und durch seine freie Tätigkeit der Puls der Geschichte schlägt“, indem die Menschen tatsächlich mitbestimmen können, auch wenn wirtschaftliche, politische u. a. Strukturen sich ebenso erst entwickeln müssen wie das „entsprechende“ Bewusstsein.
So verwundert es auch z. B. nicht, dass L. Kolakowski in seinem Geburtsland Polen und in Moskau, Ostberlin scharf angegriffen wurde- ein Schicksal, dass er mit vielen Menschen, die wohl „echtere“ m.l. Ideen gegen Systeme, die den Namen des M.L. sicher nicht verdienen und ihn in den Schmutz gezogen haben, verteidigten teilte. Diese Fragen wären wiederum Thema für interessante weitergehende Überlegungen- ein interessanter Ausgangspunkt hierzu ist wohl z. B. W. Dickhuts „Die Restauration des Kapitalismus in der Sowjetunion“ (Düsseldorf, 1974) .

3. Die kommunistische Vision und Wünsche nach „ewigem Leben“

Malen wir dieses Bild in diesem Zusammenhang einmal (wenn auch zwangsläufig, auch das ja schon komplex genug, teilweise sehr vereinfacht) weiter aus: Tatsächlich wäre dies nach dieser Anschauung dann ein „geschlossenes“, in sich stimmiges Gesamtbild: Das Volk bräuchte kein

„Opium“ mehr, weil es „Erfüllung“ im „Diesseits“ gäbe- das Paradies gäbe es auf Erden, man müsste nicht mehr auf das - nur eventuell- vorhandene im Leben „danach“ oder auf einen „Schöpfer“ (der der Mensch im Einklang mit der Natur dann ja selbst durch seine Tätigkeit ist, s.o.) warten. Es wäre ein erfülltes Leben. Bei „vollendetem kommunistischen Bewusstsein“ wäre der Tod dann auch ein Teil des Lebens der gesamten Menschheit, die Endlichkeit des Lebens (notwendiger, s. oben) Teil der Unendlichkeit.

Natürlich sollte es wohl auch trotzdem Unterstützung für die Angehörigen geben, für die schmerzlichen Seiten des Verlustes, viel solidarischer als heute. Psychosoziale Versorgung und medizinische Versorgung der Menschen sollten besser sein, auch da nicht die Gewinne von Pharmaunternehmen, sondern das Wohlbefinden der Menschen bestimmend sein sollte. Alte Menschen als wichtiger Teil der Gesellschaft, mit vielen wichtigen Erfahrungen, Verdiensten u. a. angesehen werden. Menschen sollten nicht durch Tod, Begräbniskosten etc. verarmen, die Sterbenden sich nicht mehr um die soziale Sicherung der Angehörigen sorgen müssen. Letztendlich sollten die Todesfälle drastisch reduziert werden, es fast (außer unfallbedingt) nur noch den „natürlichen“ Tod geben- Hunger, Kriege und Armut letztlich der Vergangenheit angehören. Ersetzt durch Völkerfreundschaft, Wohlstand und erfülltes Leben für alle, mit o. g. dann an sich auch gegebenem „Lebenssinn“.

Wahrlich ein schönes Bild- und Menschen, die diesen Zustand immer noch als „unparadiesisch" betrachten würden, könnte man wirklich psychologische Behandlung nahelegen. Im Kommunismus, mit kommunistischem Bewusstsein wäre dieses Paradies natürlich kein „Faulenzertum", sondern Arbeit wäre dann das erste Lebensbedürfnis zu o. g. schöpferischer Tätigkeit und somit „Sinnerfüllung", (Selbst-) Verwirklichung, als Dienst an der Gesellschaft, im Einklang mit der Natur, als Beitrag zur unendlichen Existenz des -sinnvollen- Lebens (bzw. der Materie).

Hier könnte dieser Exkurs eigentlich enden. Dieses Gesamtbild, das ja nicht nur auf Träumerei, sondern durchaus auf sehr tief gehenden wissenschaftlichen, philosophischen, historischen, soziologischen Theorien, eben dem Gesamtwerk des M. L. bzw. auch z. B. teilweise auf Hegel und andere bedeutende Philosophen beruht ist durchaus nicht uninteressant, eine nähere Beschäftigung damit, zumindest in Grundzügen, empfehlenswert. Auch wenn das was in der Praxis daraus gemacht wurde alles andere als paradiesisch war. Was wirklich Theorie und Praxis ist bzw. dieser entspricht, was daraus gemacht wird bzw. gemacht werden kann betrifft ja aber auch andere Weltanschauungen bzw. Religionen – auch sicher nicht nur den Islam.

4. „Unendliche " Wünsche unter Kommunisten, Atheisten

Es soll hier aber noch eine Frage ansatzweise behandelt werden, die z. B. Lenin auf „später" verschoben hat, wenn es schon ein Paradies auf Erden gibt (vorher sei der Kampf auf Erden um dieses wichtiger als der Streit darum, *ob es ein Paradies im Himmel gibt*- dem würde ich auch auf jeden Fall zustimmen. Ebenso wie auch z. B. der sehr gläubige Xavier Naidoo es eben fordert- in „Alles kann besser werden", Auszug: "Alles kann besser werden Holen wir uns den Himmel auf Erden Alles soll besser werden Holen wir uns den Himmel auf Erden Alles wird besser werden Wir holen uns den Himmel auf Erden Und keiner muss sein Leben mehr gefährden Einer der kostbarsten Schätze auf Erden"). Nicht die, ob es nicht vielleicht doch ein „anderes, unendliches" Leben, einen „Himmel" gibt und Streit darüber (der o. g. gemeinsame Ziele bzw. Einsatz dafür- von religiösen und nicht-religiösen Menschen- auch Frieden und Gerechtigkeit auf der Erde, zumindest teilweise verhindert). Das wäre ja auch tatsächlich eine Frage, die zumindest heute nicht zweifelsfrei beantwortet werden kann. Und mit „vollendetem" m.l. Bewusstsein müsste man, s. o., ja antworten, dass es -allerdings im geschilderten m.l. Verständnis- Unendlichkeit (der Materie) gibt. Und vielleicht ja doch noch irgendein Weiterleben in auch religiöser Vorstellung bzw. „Materien-Form".

Trotzdem gibt es aber ja nun auf jeden Fall auch den Schmerz über den Verlust von Menschen.

Sicherlich würden auch im Kommunismus z. B. Babytod, Unfälle u. a. möglichst vermieden werden (und durch Ausbau des öffentlichen Nahverkehrs vor allem auf der Schiene, bessere Arbeitsunfallbestimmungen usw. auch deutlich reduziert werden). Auch würde versucht werden, Suizidgefährdete von ihrer Absicht „abzuhalten“ (und behandeln, da man sie wohl als psychisch Kranke ansehen würde, allerdings wohl immer mit dem Vorbehalt der Selbstbestimmung des Individuums). Und das Lebensalter möglichst lange zu gestalten, auch um möglichst lange von Erfahrungen zu profitieren und vor allem Menschen möglichst lange ihr erfülltes Leben erfahren lassen. Und natürlich müssten biologische Grenzen akzeptiert werden, ebenso wie die im Marxismus oft beschworene „Einsicht in die Notwendigkeit“ - auch des Sterbens (s. o.) und dass es eben auch unvermeidbare Schicksalsschläge gibt, denn z. B. Unfälle werden nie ganz verhindert werden können. Ebenso eben wie der „natürliche Tod“. Und der Abschiedsschmerz ist sicher auch nach wie vor „legitim“, auch wenn der Abschied notwendig ist, das Leben einen Sinn an und in sich hatte, der Tod als notwendig betrachtet wird etc. Der „normale“ Tod nach einem sinnerfüllten Leben ist dann eine Negation der Negation, ein Teil der Unendlichkeit. Er beinhaltet aber eben auch die Negation, die Endlichkeit, den Verlust liebgewonnener Menschen. Auch wenn das „Vergessen“ dieser Menschen weitaus weniger zu befürchten ist wie heute, da Nachgeborenen viel mehr von dem Wirken (der Mehrzahl) „einfacher Menschen“ (und nicht nur von einzelnen „Heldensagen“) erzählt werden dürfte, so sind Gedanken bzw. Ängste von Menschen über Vergessen werden, vor dem Verlust ihres „menschlichen Daseins“ u. a. sicherlich verständlich, ebenso wie die Sehnsucht, Verstorbene nach ihrem Tod nochmals lachen zu sehen, sie in den Arm zu nehmen, ... Sicherlich würden diese Gefühle auch überzeugte Kommunisten verstehen bzw. nachvollziehen. Und nicht bezweifeln, dass das „nicht mehr in den Arm nehmen können“ und dergleichen einfach eine unschöne, ja grausame, wenn auch zum Leben gehörende Erscheinung ist- eben, s. oben, Furcht vor der Tiefe, für die eben -nur- das „trotzige Aufbäumen gegen die malmende Wucht des Schicksals“ bleibt, was sicherlich auch eine heroische, aber so nicht auch zuletzt sehr schmerzliche Tat bleibt. Wie Kolakowski, desillusionierend (negativ wie positiv- wohl besser der Wahrheit ins Gesicht sehen und entsprechend handeln, als Illusionen aufzuliegen) schreibt (Kolakowski S. 185 ff): „Wer viel lernt, der muss viel leiden“, sagt der Ekklesiast. Die Erweiterung des Wissens von der Welt erweitert die Kontaktfläche mit ihr, macht also auch empfindlicher für alles Schmerzliche und Unangenehme, das früher unter der Empfindungsschwelle lag, erhöht das Bewusstsein nicht nur der menschlichen Möglichkeiten sondern auch Unmöglichkeiten und Schwierigkeiten, die vorher nicht geahnt wurden ...“. Und, etwas weiter a. a. O., auch im Sinn o. g. Mahnungen auch anderer Wissenschaftler, Philosophen usw. gegen die Illusion bzw. zu hohe Erwartung von zu viel Glück, Schönem im Leben (und dadurch Desillusionierungen, Enttäuschungen usw.): “Die Erde ist selten ein Paradies, und das Leben, dem man einen Sinn verleiht, wird dadurch noch nicht fröhlich. Es wird nur in der Welt verwurzelt, bejaht mit allem, was bestimmt unvermeidlich ist, bekommt eine Ausrichtung in allen Hauptpunkten seines Verlaufes, wird sich seines Verhältnisses zur übrigen Welt bewusst und in seinem Streben nach klar umrissenen Zielen dynamisch..". Er schlussfolgert dann (deshalb) auch, letztlich doch auch noch positiv: „Das ist gar nicht wenig, und wenn es auch nicht genügt, um sorglose Begeisterung und beständige Lebenseinstellung zu wecken, so kann es doch das Bewusstsein der Wertlosigkeit des erlebten Schicksals wirklich völlig vernichten ...". Und dass ein Leben – eigenes oder das Nahestehender – wertlos, sinnlos ist, als solches betrachtet wird ist wohl (verständlicherweise) ja eine der größten –nachvollziehbaren- menschlichen Ängste, Sorgen...

In der Folge schreibt er noch, wie das („echte", nicht wie z. B. unter Honecker und Konsorten in der ehem. DDR „degenerierte") kommunistische Bewusstsein aus den genannten Gründen besonders intensiv und beständig ist und dies alles im Zusammenhang mit allgemeinen gesellschaftlichen Fragen steht und wie die doch teilweise ernüchternde „Einsicht in die Notwendigkeit" eben doch wieder einen „tieferen Sinn" bekommt...: "Das Gefühl der Sinnerfülltheit des Lebens ist umso größer, je weniger Situationen wir für unvermeidlich halten, und zugleich je entschiedener wir das unzweifelhaft Unvermeidliche bejahen ... Nur eine absolute, freiwillige und vollständige Hinnahme der bestehenden Wirklichkeit macht von der

Welt unabhängig, gibt uns Freiheit und Glück ..." (Kolakowski, S.178). Und weiter: „Da das Bewusstsein der Sinnlosigkeit des Lebens oft als Frage der Irrationalität entsteht, liegt eines der wichtigsten Mittel, dem Leben einen Sinn zu verleihen, darin, dass man die Geschichte rational macht, d. h. die Ursachen ihres aktuellen Zustandes erklärt und ihre zukünftigen Perspektiven, ... wie auch, was besonders wichtig ist - die Möglichkeit einer eigenen Koexistenz mit der historischen Wirklichkeit, eigener Teilnahme an ihrer Gestaltung zu finden sucht." Was er, wie dann noch weiter ausgeführt, eben im Kommunismus sieht, bzw. im bewussten Einsatz dafür /eine bessere Welt.

Letztendlich sieht Kolakowski zwar die Fragen nach dem Sinn des Lebens natürlich durchaus als sinnvoll, die mit dem „kommunistischen Bewusstsein" bzw. entsprechender Weltanschauung positiv beantwortet werden kann bzw. muss. Ihr Entstehen sieht er aber auch primär durch die gesellschaftlichen (kapitalistischen) Verhältnisse bedingt: „Was den Menschen überhaupt das Gefühl raubt, ein sinnvolles Leben zu führen sind jene Verhältnisse des sozialen Daseins, die mit aller Evidenz das unerträgliche Bewusstsein der eigenen Ohnmacht gegenüber dem als vernunftlose und blinde Kraft auftretende Schicksal aufzwingen(…)". Kolakowski – bzw. der Marxismus - entwickelt hier eine, zumindest für Atheisten, wirklich interessante Theorie betreffend Fragen wie der Sinnhaftigkeit- bzw. Sinnlosigkeit des Lebens (unter bestimmten gesellschaflichen Bedingungen) und auch

Hoffnungen nach Unsterblichkeit und dergleichen, auch im Folgenden: „Worauf wollen wir hinaus? Wir bemühen uns zu beweisen, dass ein wertvolles Gefühl des sinnvollen Lebens bei jedem einzelnen Menschen unter Mitwirkung der geistigen Tätigkeit geschaffen werden kann, doch der soziale Umfang, in dem es gelingt, wird von den bestimmten sozialen Situationen determiniert" (ebenda). Dies ist bei Kolakowski (und anderen M.L.) eben wieder der Ausgangspunkt für „entfremdete" kapitalistische Gesellschaftsverhältnisse bzw. der nötigen Antwort der sozialistischen, kommunistischen Alternative.

Der Kommunismus gibt aber eben keinen (nur) „außerhalb der Menschen, der Natur, der Materie Sinn" - sondern der Sinn besteht eben an sich durch den beschriebenen unendlichen Prozess (der Materie), in anderen Gesellschaftssystemen bzw. „Welt-anschauungen" wird dieser Sinn demnach nur verdeckt bzw. „verschüttet", entfremdet ... mit Illusionen. Diese zu nehmen mag desillusionierend wirken – ist aber vielleicht ja doch wahrhaftiger? (inklusive der o. g. Erkenntnis, dass umsomehr man sich der Realität stellt, diese erfährt – z. B. ja auch echter Liebe - auch dazugehörende Schmerzen bzw. „Kontaktflächen" dafür größer werden können ...).

Zugegebenermaßen jedenfalls ein zumindest in sich durchaus schlüssiges und sinnvolles Konzept, wenn hier auch zur weiteren Beschäftigung hiermit eine notwendige intensive Beschäftigung mit der „notwendigen Sozialistischen Alternative" geführt werden müsste, was hier ja aber nun nicht vollzogen werden kann und dem interessierten Leser nur empfohlen werden kann. Natürlich auch kritisch – was ja aber auch bei anderen Anschauungen sinnvoll ist.

Ein Gedanke sei aber noch angeführt, der m. E. auch überlegenswert ist bzw., wenn auch zunächst desillusionierend klingend, doch auch zumindest etwas Hoffnung macht:
„Die Lebensbejahung muss nicht irgendwelcher transzendenten Werte wegen erfolgen, im Gegenteil, gerade dann wird sie zu Lug und Trug; es genügt, wenn sie um des Lebens selbst willens geschieht... es geht uns hier darum, ob man die Bedingungen, die von dem einzelnen Menschen abhängig sind, bestimmen kann, dank welcher das Leben das Gefühl erweckt, es sei wert, gelebt zu werden, es sei ein Ziel an sich und verlaufe mit jener immanenten Zielstrebigkeit, die zwar nicht die unmögliche Befriedigung aller Wünsche mit sich bringt, jedoch das Mögliche Minimum an Glück mit sich bringt. "(Kolakowski, S. 177f.). Das hört sich wiederum auch gar nicht so unähnlich an wie z. B. dies:
„Ständig erlebt man einen Wechsel von Freuden und Leiden, davor können einem weder Verstand noch kluges Benehmen noch menschliche Anstrengung retten" (aus dem Hinduismus). Oder auch:
„Bedenke, dass die menschlichen Verhältnisse insgesamt unbeständig sind. Dann wirst du im Glück nicht zu fröhlich und im Unglück nicht zu traurig sein" (Sokrates). Und eben „Sich recht anschauend vorzustellen zu lernen, dass

niemand vollkommen glücklich ist, ist vielleicht der nächste Weg, vollkommen glücklich zu werden“ (G. C. Lichtenberg).

Oder eben auch wie -der Theologe - D. Bonhoeffer es ausdrückte: „Es gibt ein erfülltes Leben trotz vieler unerfüllter Wünsche“. Auch wenn gerade der (ggf.) unerfüllte Wunsch seine Liebsten wiederzusehen ja wirklich sehr, sehr schwer (zumindest einigermaßen) zu verkraften ist.

Auch wenn man doch eben auch die „materialistische“ Weltanschauung , gerade hierauf bezogen, auf den ersten Blick als wenig romantisch ansehen kann hat sie aber wohl sogar auch eine mögliche recht schöne Seite. Auch möglicherweise etwas in Richtung Spiritualität gehend. Zumindest wie es etwa, frei nach seiner berühmten Rede an den Gouverneur von Washington (1854) zitiert, vom Indianer- Häuptling Seattle ausgeführt wurde (Auszug): „Jeder Teil dieser Erde ist meinem Volk heilig. Jede glitzernde Tannennadel, jeder sandige Strand, jeder Nebel in den dunklen Wäldern, jede Lichtung, jedes summende Insekt ist heilig in den Gedanken und Erfahrungen meines Volkes.

Wir sind ein Teil der Erde - und sie ist ein Teil von uns. Die duftenden Blumen sind unsere Schwestern, die Rehe, das Pferd, der große Adler - sie sind unsere Brüder. Die felsigen Höhen, die saftigen Wiesen, die Körperwärme der Ponies - und des Menschen - sie alle gehören zur gleichen Familie(...). Glänzendes Wasser, das sich in Bächen und Flüssen bewegt, ist nicht nur Wasser, sondern das Blut unserer Vorfahren. Wenn wir euch Land verkaufen, so müßt ihr wissen, dass es heilig ist und dass jede flüchtige Spiegelung im klaren Wasser der Seen von Ereignissen und Überlieferungen aus dem Leben meines Volkes erzählt. Das Murmeln des Wassers ist die Stimme meiner Vorväter und Vormütter (...)". So klingt „Einheit mit der Natur" bzw. Materie ja doch auch romantischer, vielleicht ja auch für viele Trauernde (wie z. B. auch mich)- die z. B. Verstorbene dann wirklich auch überall in der Welt „fühlen" können.

5. Die Frage der Denkweise als Ausgangspunkte für „Lebenssinnfragen"

Kolakowski weist auch noch darauf hin, dass die Frage nach dem „Sinn des Lebens" durchaus sogar Ausgangspunkt sozialkritischer bis „revolutionärer" Gedanken sein kann : „Niemand fragt nach dem Sinn des Lebens, wenn er nicht das Bedürfnis nach seiner Veränderung empfindet. Es ist eine gefährliche Frage für all diejenigen, die ihren Daseinsgrund in der Erhaltung des aktuellen Zustands sehen, also eine unerträgliche Frage für alle Bürokraten und Konservativen" (Kolakowski, S. 170). Und zumindest eben auch eine Anklage an schlechte Verhältnisse, ein schlechtes „Sein", dass das Bewusstsein bestimmt: „(...) Die Frage nach dem Sinn des Lebens nur dann zur peinigenden

Obsession wird, wenn das Leben selbst kein ausreichendes Gefühl gibt, sinnvoll erlebt zu werden" (ebenda).
Sicher kann man auch über solch (weltanschaulich gesehen sogenannte „materialistische") Ansichten streiten, wie z. B. die von Ludwig Feuerbach (zitiert in Kolakowski, S.187) „Der vernünftige und natürliche Glückseligkeitstrieb geht nicht über das Wesen des Menschen, über das Wesen dieses Lebens, dieser Erde hinaus ... Alleine die Vernichtung des Jenseits hat die Bejahung des Diesseits zur Folge ...". Hier wurden aber einige Argumente genannt, die durchaus diese Richtung verständlicher machen.
Und Kolakowski versteht auch, dass es (leider) unerfüllte Sehnsüchte gibt: „ Das Bewusstsein, dass „mein Leben" nur ein Wind ist und dass es keinen Ort auf den Sternen gibt, wo die Menschen in tausend Jahren ihre Freunde und Nächsten wiedertreffen werden, lässt eine gewisse Trauer zurück, die man nicht mit Trost verscheuchen kann ... dass vielleicht in einer anderen Epoche oder in einem anderen Planetensystem eine ähnliche oder dieselbe Menschheit als kosmische Fortsetzung der irdischen Menschheit entstand oder entstehen wird ..."(Kolakowski, S. 188). Trauer ist ja wohl auch ein Gegenstück wie auch Pendant zu Gefühlen wie Liebe- wenn man um Verstorbene trauert, heißt das, dass man sie liebte, schätzte- würde man nicht trauern müssen, wäre das weniger schmerzvoll, aber, dialektisch gesehen, ist die („gesunde", kraft gebende) Trauer ja sozusagen die „Negation der Negation" des schmerzlichen Verlustes. Bzw. auch dass es dafür auch nur bedingt Trost gibt auch ein Zeichen der Liebe, deren Ausdruck. Wertvolles zu verlieren

tut einfach weh. Natürlich, das liegt in der „Natur der Sache“. Das „weh tun“ wegzubekommen ist wohl also auch nur bedingt möglich bzw. sinnvoll, man kann aber sicher – z. B. ärztliche oder therap. – Hilfe gebrauchen dies zu ertragen bzw. zu verarbeiten. Dagegen spricht natürlich auch nichts.

Kolakowski warnt nur von „illusionären“ bzw. “fatalen“ Sehnsüchten mit „irreführenden“ Inhalt : „(...)Die abstrakte Todesfurcht ist ein sekundäres Phänomen, ein Ergebnis der empfundenen Sinnlosigkeit des Lebens, ein Produkt der Entfremdung des individuellen Bewusstseins von der geschichtlichen Umwelt, das Erleben des eigenen Schicksals als etwas, was einem fremd ist, die Folge der Unfähigkeit, sich mit dem eigenen Schicksal abzufinden“. Und, weiter, auch dort: „Die Sinnlosigkeit des Lebens ist nicht die Folge des quälenden Gedankens an den Tod, sondern seine eigentliche Ursache, daher nimmt die abstrakte Todesfurcht, selbst wenn sie auf dem Grund des Bewusstseins eine schmerzende Stelle zurücklässt, an Umfang und Stärke proportional zur Intensität des als sinnvoll empfundenen Lebens ab ...“ (Kolakowski, S. 189f.). Kolakowski beschreibt dann noch weiter Gefahren, die entstehen, wenn man zu sehr, ob illusionär oder aus „Bequemlichkeit“, Angst oder was auch immer darauf verzichtet, sich selbst verantwortlich für sein Schicksal anzusehen. Trägheit u. a. hätten „Konservative“ gerne, denn wer ein „trautes Heim“ auf Erden und im „Jenseits“ (quasi einen „jenseitigen Ruhesessel“) als sein „Lebensglück“ anstrebt, birgt sicher nicht die Gefahr, herrschende gesellschaftliche Strukturen zu hinterfragen / anzugreifen. Notwendig sei eben das Schicksal in die eigene Hand zu nehmen, ohne (scheinbaren) Sicherheiten als Hauptziel zu haben. Stattdessen ist der Wandel, das in Frage stellen, nach neuem Suchen ein Beginn, dem Leben Sinn zu verleihen. Mit all den bereits angeführten „Alternativen (kommunistischen) Perspektiven", z. B. „Das Gefühl der Sinnerfülltheit des Lebens ist ... das Gefühl der frei gewählten und frei realisierten Solidarität mit dem Rhythmus des Werdens der menschlichen Geschichte ... daher werden die sozialen Chancen dafür, dass mehrere ihr Dasein sinnvoll erleben in dem Maße größer, in dem das soziale Leben solche Verhältnisse schafft, die jedem einzelnen eine gesteigerte Möglichkeit geben, sich sein Schicksal frei zu wählen ..." (Kolakowski, S. 191).

Der Wunsch beispielsweise danach, Verstorbene nochmals sehen zu können, sie zu umarmen, ... wäre dann, in diesem Sinn, demnach wohl ein (leider) unmöglich zu befriedigender Wunsch, wenn auch nicht unverständlich, eine „Tiefe des Lebens" eben, die man nur „heroisch" überstehen kann, um trotzdem „Licht" wiedersehen zu können ... „Wenn wirklich das Empfinden eines sinnvollen Lebens die Bejahung des zweifellos Unvermeidlichen verlangt, so ist die Bejahung des Lebens zugleich eine Bejahung des Todes" (Kolakowski, S.186). Immerhin ist so gesehen - auch tiefe und lange-Trauer ja auch nichts Negatives sondern (deren Durchstehen) eine großartige, heroische Sache. Also man dann kein Versager sondern (eher) Held, wenn man sich dem stellt,

das zulässt. Auch wenn, gerade auch im M. L., natürlich auch Helden Hilfe brauchen, auch nicht alleine heroisch sein können (sondern nur mithilfe von Mitmenschen).
Zumal - so eben ein Grundgedanke der M.L.en- die Anerkennung der Realität mit all ihren „Tiefen“ aber eben doch universalen Sinnhaftigkeit in dem Sinn, der im Vorherigen erörtert wurde, erscheint tatsächlich „sinnvoller“ als (zumindest eventuell) illusionäre Hoffnungen auf einen „Erlöser“ und dergleichen - zumindest sofern diese letztendlich eigenverantwortliches, sinnerfülltes Handeln und Leben überhaupt zumindest behindern würden... Also schon lange vor dem tatsächlichen, körperlichen Tod sterben lassen würden (bzw. nicht wirklich, erfüllt leben lassen). Und zumindest spricht auch deshalb wirklich nichts dagegen, sich von nichts abhalten zu lassen, „auf Erden“ für doch zweifellos Sinnvolles wie eine bessere Zukunft, Völkerfrieden und gerechte Verhältnisse für die Menschheit zu kämpfen. Inklusive auch einer so möglichst guten Welt für unsere, auch nahestehenden, Mitmenschen und Nachkommen. Was denen immerhin ein gutes, besseres Leben ermöglichen kann – und ja auch viele unnötige bzw. verfrühte Todesfälle und damit auch unnötige Trauer verhindert (alleine das gibt menschl. Leben ja auch – auch wieder neuen – Sinn). Auch wenn alle, auch die besten, Menschen irgendwann sterben müssen – zumindest sollten sie es ja nicht „too young“ tun müssen. Auch wenn es immer zu früh sein mag ... Und Trennungen, Abschiede, Trauer leider auf jeden Fall zum Leben dazugehören ...

Man kann Trauer-Schmerz kaum umgehen- nur damit so gut wie möglich "umgehen" und leben

„Man verarbeitet so einen Tod auch nicht. Uns Angehörige lässt jeder einzelne Tag trauern. Ich werde es nie verarbeiten, sondern lerne lediglich, damit zu leben".

Robert Enkes Witwe Teresa (an seinem 3. Todestag)

Wenn Trauer so sehr mit Liebe zusammenhängt könnte man natürlich nur nicht so tief gehende Beziehungen suchen, eingehen, ausleben im Leben – dann hätte man bei Trennungen, Tod weniger (so tief gehenden) Abschieds-Schmerz. Aber dann halt auch zuvor wohl auch nicht all das Besondere, Schöne einer tiefer gehenden Beziehung. Letztlich geht es auch etwas um die grundsätzliche Frage, die z. B. Shakespeare Hamlet stellen lässt (auf das Leben, damit aber auch Liebe/Trauer bezogen), die er auch ähnlich wie z. B. der o. g. Kommunist und ehem. Pfarrer Hoernle beantwortet: „Sein oder Nichtsein; das ist hier die Frage: Ob s edler im Gemüt, die Pfeil und Schleudern Des wütenden Geschicks erdulden oder,
Sich waffnend gegen eine See von Plagen, Durch Widerstand sie enden? Sterben – schlafen".

Also auch entweder die Beziehung, das Leben "begraben",

einschlafen lassen (beenden) oder weiterführen - und weil darin so große Gefühle sind eben auch "die Pfeil und Schleudern erdulden, eine See von Plagen" (auch der Trauer, Schmerz etc.)? Klar kann man dagegen auch etwas Tipps geben, Linderung - auch therapeutisch. Ggf. auch medikamentös. Ganz ohne Schmerz, Ängste, ... geht es aber leider nicht (auch wenn der eine oder andere Berater, Therapeut das vielleicht so verkaufen möchte ... Der sich damit als weiser als z. B. Goethe und Shakespeare bzw. Faust und Hamlet sieht ...). Zumal, s. oben, bei wirklich großer Liebe, Gefühlen. Nach dem wahnsinnig schmerzvollen Verlust meiner Eltern hätte es meinen Sohn wirklich auch fast nicht gegeben, so einen Verlust-Schmerz möchte man einfach nicht noch einmal erleben, kann es vielleicht auch kaum. Und es kann ja immer einmal etwas passieren. Z. B. ein Unfall. Und auf jeden Fall irgendwann, auch eigener, Tod. Das zu leugnen wäre ja illusionär. Noch mehr möchte man seinem Kind und anderen Liebsten ja aber möglichen Schmerz ersparen – was ja leider einfach nicht geht. Selbst in einer besseren Welt, unter besseren Umständen und Bedingungen als heute. Dann wird eben auch die Stimme lauter von dem „Geist, der stets verneint“. Der dazu sagt „Und das mit Recht; denn alles was entsteht; Ist wert, daß es zugrunde geht; Drum besser wärs wenn nichts entstünde“. (Mephistopheles in Goethes Faust, Teil 1). Aber wer möchte schon wirklich, dass geliebte Menschen zugrunde gehen – oder gar nicht erst entstanden wären? Und man kann ja auch nicht vermeiden, dass es für einen wichtige Menschen (zumindest Eltern, ggf. auch Geschwister und andere Verwandte) gibt, selbst wenn man sonstige Beziehungen nicht eingehen, keine Kinder bekommen würde ... Nur zeigt halt gerade auch die o. g. Dialektik dort, dass „alles ist wert“ ja sogar Wertschätzung enthält und mit dem Wunsch nach „unvergänglichen Momenten“ von Faust – den ich auch mit meinem so wundervollsten und über alles innigst geliebten Sohn so unzählige Male habe – dass gerade das Schönste eben auch den Schmerz, Verlustangst beinhalten kann – sich beides gegenseitig sehr bedingt bzw. teilweise sogar definieren kann ... Insofern hat Mephisto dann ja sogar zumindest teilweise recht- wenn er über sich (bzw. eben z. B. Schmerz, Trauer) sagt, was er zumindest oft auch ist: “Ein Teil von jener Kraft, die stets das Böse will und stets das Gute schafft“. Bzw. schaffen kann. Andererseits schafft das Gute, z. B. Liebe, aber eben auch Schmerz ... Z. B. eben beim Verlust geliebter Menschen. Und irgendwann wird man ja etwas Geliebtes verlieren, auch Menschen- zumindest mit deren oder eigenem Tod. Zumindest auf weltlicher, körperlichen Ebene.

Sodass Leben eben sogar bedeutet, dadurch entsteht, sich dem Schmerz, der Härte des Lebens- inkl. dessen Ende, früher oder später, zu stellen bzw. diese anzunehmen, damit umzugehen lernen. Was Menschen, auch der Menschheit insgesamt, ja auch immer wieder gelingt- wie auch Mephisto feststellt in Fortführung der o. g. Diskussion mit Faust: „Mit Wellen, Stürmen, Schütteln, Brand - geruhig bleibt am Ende Meer und Land! Und dem verdammten Zeug, der Tier- und Menschenbrut, dem ist nun gar nichts anzuhaben: Wie viele hab ich schon begraben! Und immer zirkuliert ein neues, frisches Blut. So geht es fort, man möchte rasend werden!".

Das Leben mit allen „Wellen, Stürmen, Schütteln, Brand" und dergleichen und gerade auch der Umgang mit dessen Ende, Trauer ist aber in der Tat oft *alles andere als einfach*. Selbst für ganz besonders starke, schlaue Menschen. So wie ja auch bei Goethe, der ja als einer der größten und schlauesten Menschen gilt, in dessen „Faust" zu lesen (der auch als das bedeutendste und meistzitierte Werk zumindest der deutschen Literatur gilt): „Habe nun, ach! Philosophie, Juristerei und Medizin, und leider auch Theologie durchaus studiert, mit heißem Bemühn. Da steh ich nun, ich armer Tor und bin so klug als wie zuvor. Heiße Magister, heiße Doktor gar, und ziehe schon an die zehen Jahr herauf, herab und quer und krumm meine Schüler an der Nase herum - und sehe, daß wir nichts wissen können! Kein Wissen der Welt kann uns erklären, was diese "im Innersten zusammenhält". Zumindest gibt es keine – natürlich auch nicht von Doktoren oder Therapeuten, auch wenn das leider einigen davon nicht so klar ist - so einfachen, schnellen Antworten zum Sinn des Lebens bzw. Umgang mit dem Tod, Verlust geliebter Menschen, wie dann auch Faust erfahren muss (ebenso wie dass selbst ein „Paktieren" mit dem Teufel, Tod, Mephisto, keine wirkliche

Lösung ist, sein kann).

Zumindest etwas Unterstützung dabei ist sicher oft nötig und hilfreich- und wirklich auch möglich! Selbst, gerade für starke, gute Menschen (bzw. in Trauer um diese)- die sich selbst oft aber auch noch Selbstvorwürfe machen für das Gute, Liebevolle, sich auch noch schwach oder dumm fühlen. Aber in der Tat: „Das Schlimme an dieser Welt ist, dass die Dummen so selbstsicher sind und die Gescheiten so voller Zweifel" (Bertrand Russel). *Und Trauern ist ganz sicher nichts Dummes sondern etwas sehr Vernünftiges, Gutes!*

Natürlich könnte man so auch einfach sagen „der Klügere gibt nach" und halt des „lieben Frieden willens" auch nur so trauern, wie es anderen Menschen genehm ist, auch bald wieder „funktionieren", aufhören zu trauern ... Aber gäbe man damit nicht auch die Liebe auf? Würde dann nicht auch hier gelten „Der Klügere gibt nach. Eine traurige Wahrheit, sie begründet die Weltherrschaft der Dummheit" (Marie von Ebner-Eschenbach). Bzw. in dem Fall auch der Lieblosigkeit, Gefühlslosigkeit? *Die klügeren, gefühlvolleren Menschen sollten deshalb bitte nicht immer nachgeben. Auch wenn das sicher oft ein schwerer Weg ist – aber ein Ehren werter, für den man sicher auch viel Unterstützung verdient hat (bei Bedarf auch professionell).* " Über alles hat der Mensch Gewalt, nur nicht über sein Herz" (F. Hebbel). Und das ist wohl eigentlich

auch gar nicht so schlecht. Nur einfacher macht es das auch nicht gerade – und gerade Menschen mit gutem, großem Herz können deshalb auch mehr Unterstützung brauchen.
In diesem Sinne: Alles Gute!

Möglichkeiten für weitere Beratung, Unterstützung (siehe auch die Anlage und Kapitel dazu zuvor) :

- Städte und Gemeinden bieten kostenlose Familien- und Erziehungsberatung an, die (zudem) auch bei Trauerproblemen helfen können
  - Viele Kirchen und Organisationen – z. B. ProFamilia – tun dies auch, oft auch spezielle „Trauerberatung“, kostenlos oder für Spenden dafür (das sollte vorher erfragt werden dort)

- Oft verursachen „Trauerprobleme“ ja auch andere Probleme, z. B. finanzielle. Auch dazu gibt es an o. g. Orten kostenlos Beratung (bzw. auch bei Schuldnerberatungsstellen), ebenso bei anderen (Folge-) Problemen wie z. B. Drogen, Depressionen, bei der Arbeit usw. – viele mögliche kostenlose Beratungsstellen findet man dazu auch im Internet, z. B. bei „ das-beratungsnetz.de “.

- Psychotherapie kann ein Arzt des Vertrauens vermitteln, der zudem ja auch sonst oft schon etwas Rat geben kann, auch zu Körperlichem, was oft auch alleine schon hilft (*und zumindest ein Arzt muss besucht werden*!)

- Seelsorgerische Hilfe und Rat kann man zudem, durchaus auch – siehe oben - kompetent und natürlich auch nicht zuletzt in „Trauerfällen", immer bei der Telefonseelsorge(.de) bekommen – Tag und Nacht kostenlos, auch anonym und per E-Mail möglich. Von geschulten Mitarbeitern dort. Mit auch Tipps zum Finden weiterer Hilfe. Auch bei „nur" Liebeskummer – das auch kostenlos und kompetent auf loveline.de bzw. nummergegenkummer.de für Jugendliche, Kinder und Eltern.

- Last, not least sind im Anhang auch weitere kostenlose Beratungsmöglichkeiten zu Finanziellen – bzw. Schulden-Problemen benannt, da diese ja auch sehr belasten können. Und Hilfe dort kann auch entscheidend bei (anscheinenden) „psychologischen Problemen" helfen.

Ich wünsche Ihnen auf jeden Fall nochmals alles Gute, viel Glück und Gesundheit! *Wolfgang Laub,*

Falkensee (bei Berlin) November 2012

... hier mit meinen geliebten, glücklicherweise

noch lebenden Schwestern

LITERATUR- und Quellenverzeichnis

[Weitere, genauere Literatur- und Quellenangaben sind auch im Text zuvor zu finden, auch konkret zu „Trauerarbeit“]

- Ancelin- Schützenberger, A.: Oh meine Ahnen (Wie das Leben unserer Vorfahren in uns wiederkehrt) , Heidelberg 2003

- Boszormeny-Nagy, I.; Spark, G. M.: Unsichtbare Bindungen. Die Dynamik familiärer Systeme, Stuttgart 1981

- Bronisch, T.: Der Suizid, München 1995

- Ciompi, L.: Affektlogik, Stuttgart 1982

- Degen, R.: Lexikon der Psycho-Irrtümer,Frankfurt/M. 2005

- Engel, S./Gärtner-Engel, M.: Neue Perspektiven für die Befreiung der Frau, Essen 2000

-Feldmann, K.: Eine soziologische Betrachtung von Sterben und Tod, Hagen 1994

- Fromm, E.: Authentisch leben, Freiburg 2000

- Furmann, B.: Es ist nie zu spät eine glückliche Kindheit zu haben, Dortmund 2001

-Goldbrunner, H.: Arbeit mit Problemfamilien. Systemische Perspektiven für Familientherapie und Sozialarbeit, Mainz 1989

-Hollstein-Brinkmann, H.: Soziale Arbeit und Systemtheorien, Freiburg 1993

- Kasten, H.: Geschwister (Vorbilder, Rivalen, Vertraute), München 2003

- Korte, H.: Einführung in die Soziologie, Stuttgart 1998

- Kolakowski, L.: Der Mensch ohne Alternative, München 1967

- Kübler-Ross, E.: Interviews mit Sterbenden, München 2001

- Ley, K.: Geschwisterbande (Liebe, Hass und Solidarität), Ostfildern 2001

-Lüssi , P.: Systemische Sozialarbeit, Bern 1992

- Lukas, E.: In der Trauer lebt die Liebe weiter, München 1999

- Maturana, H. R. / Varela, F. J. : Der Baum der Erkenntnis. Die biologischen Wurzeln des menschlichen Erkennens, München 1996

- Mc Goldrick, M.: Wieder heimkommen - Spurensuche in der Familiengeschichte, Heidelberg 2003

- Paul, C.: Wie kann ich mit meiner Trauer leben?
Ein Begleitbuch, Gütersloh 2000

- Rauschenbach,T.(Hrsg.): Soziale Arbeit und Erziehung in der
Risikogesellschaft, Neuwied 1992

- Satir, V. : Selbstwert und Kommunikation. Familientherapie für Berater und
zur Selbsthilfe. München 1988

- Schwikart, G.: Die 100 wichtigsten Fragen zu Tod und Trauer, Gütersloh 2008

- Stierlin, H.: Delegation und Familie, Frankfurt/ Main 1982

- Viorst, J.: Necessary losses ("Mut zur Trennung") , Hamburg 1988

-Wulf, C. : Einführung in die Anthropologie der Erziehung, Weinheim 2001

- Zimbardo, P. G..: Psychologie, Berlin/New York 1999

Meine geliebten Eltern (mit Enkelkind)

/ im Jahr ihrer Hochzeit

Anlage – **Anlaufstellen bei Seelsorge- Bedarf :**

Auch *im Notfall*
(in akuten Fällen in Deutschland die Telefonnummer„110" wählen!)

Möglicher erster Ansprechpartner (anonym, kostenlos, auch per E-Mail möglich, Tag und Nacht): Die Telefonseelsorge(.de) inkl. ihrer sorgfältig ausgesuchten und geschulten Mitarbeiter, die auch weitere Anlaufstellen vor Ort nennen können.
Denn ein Buch, nur Selbst- oder auch Fern-Diagnose, Selbsthilfegruppe oder allgemeine Tipps oder dergleichen können eine konkrete fachmänn. (psychologische) Beratung, Untersuchung (auch körperlich, von einem Arzt, der auch therap. Hilfe vermitteln kann) auf keinen Fall ersetzen!
Weitere nützliche Adressen, mit dort wiederum vielen weiteren Informationen, Adressen – leider ohne mögliche Gewähr und Haftung dafür, auch für Aktualität:

- das-beratungsnetz.de - kostenlose Hilfe bei allen möglichen Problemen

- therapie.de - gemeinnütziges Psychotherapie-Portal mit Therapeuten-Suche und weiteren Link- Tipps

- www.jugend-notmail.de - Tipps + Hilfe (auch per E-Mail) für Leute bis 25

- nummergegenkummer.de (Mitglied im Deutschen Kinderschutzbund) für Eltern + Kinder

- ueberlebensgeschichten.de - viele Tipps von Unglück- und Not-Überlebenden

- nakos.de - Datenbank deutscher Selbsthilfegruppen

- www.bessereweltlinks.de Sammlung entsprechender (sehr vieler) Links, Tipps ...

- solidaritaet-international.de *Internationale Solidaritäts-/ Hilfsorganisation*

- web4health.info/de - Kostenlose Online- Beratung/Tipps zu Gesundheits- und psycholog. Fragen

- www.weisser-ring.de (Hilfe für Opfer von Verbrechen)

- www.meine-schulden.de Kostenlose Beratung, auch anonym, online – bei Schulden

- lebensmut.de - christl. Seite, die (neuen) Lebensmut machen möchte

- lebensgeschichten.org - Selbsthilfe– Seite mit vielen Tipps

MIX
Papier aus verantwortungsvollen Quellen
Paper from responsible sources
FSC® C105338

Printed by Books on Demand GmbH, Norderstedt / Germany